LOCUS

LOCUS

LOCUS

Smile, please

smile 181
共感人 365 天療癒處方：
跟隨四季變化，打造一整年的修護網，找回敏感族自我茁壯的直覺力
作者：茱迪斯‧歐洛芙（Judith Orloff, MD）
譯者：許恬寧
責任編輯：潘乃慧
封面設計：廖韡
校對：聞若婷
出版者：大塊文化出版股份有限公司
www.locuspublishing.com
台北市 105022 南京東路四段 25 號 11 樓
讀者服務專線：0800-006689
TEL：(02) 87123898　FAX：(02)87123897
郵撥帳號：18955675
戶名：大塊文化出版股份有限公司
法律顧問：董安丹律師、顧慕堯律師
版權所有　翻印必究

總經銷：大和書報圖書股份有限公司
地址：新北市新莊區五工五路 2 號
TEL：(02) 89902588　FAX：(02) 22901658

初版一刷：2022 年 4 月
初版三刷：2023 年 6 月
定價：新台幣 420 元
Printed in Taiwan

Thriving as an Empath :

365 Days of Self-Care for Sensitive People

共感人
365天
療癒處方

**跟隨四季變化，打造一整年的修護網，
找回敏感族自我茁壯的直覺力**

Judith Orloff, MD 茱迪斯・歐洛芙

許恬寧──譯

本書獻給安・巴克（Ann Buck）

目次

活在當下再重要不過。

完整活著，完整覺知。

一行禪師

簡介

找回你的時間
敏感人的自我照顧之道

　　所有的共感人都必須懂得照顧自己，這是最基本的原則。每一天都記得觀照身心，好好愛護自己，敏感天賦自然會帶來美好的生活。

　　本書將介紹如何在每一天照顧自己，從各種觀點出發，輔以冥想方法，多管齊下，協助你當個有愛心的強大共感人，但不把他人的苦難背在自己身上，也不試圖幫忙「解決」。每個人都有自己的路要走，我們要尊重這一點。本書將提供日曆式的每日建議，溫和提醒你可以有愛心，但不要陷入共依存症，也不用當聖人或犧牲自己。

　　我同時是精神科醫師與共感人，我主張絕對要好好照顧自己，也傳授病患這樣的原則。我會如此堅持，原因是我希望持續享受敏感帶來的特殊天賦，包括開闊的胸襟、敏銳的直覺，以及與精神世界和大自然保持密切的連結。淺薄的情緒之水吸引不了我，我要深入奧妙的境界──我的敏感天賦可以引領我到那裡。

然而，所有的敏感人士都面臨一項極大的挑戰：如何能關愛世人，但不會因此吸進別人與這個世界的壓力。我們的過濾機制不同於大部分的人。我們是情緒海綿，什麼都感受得到，直覺就把那些東西吸進體內。這種情況不同於「普通」的同理心。一般所說的同理心是見到他人痛苦或快樂時，有辦法理解，但不至於接收那些感覺。

我們共感人樂於助人，熱愛世界，喜歡照顧他人，經常會過度付出，犧牲自己的健康。研究顯示，我們的鏡像神經元系統（與同情有關的大腦區域）高度活躍，容易精疲力竭。我不選擇這樣的生活方式。我願意關懷別人，但過度幫忙，吸進別人的負面情緒，只會讓自己感官超載，導致敏感的身心十分難受。幫得了一時，幫不了一世。

若要維持健康快樂的狀態，就得有一套有效的自我照顧法，有辦法應對壓力。本書從頭到尾將介紹如何信任直覺，設下界限，保護好精力，以維持自身的平衡，擁有完整的身心。

共感人的幸福祕訣是趁感官超載前，就打破那股動能。我接下來要分享的策略與心態，曾經救過自己一命，也能協助大家在負荷不了、情緒被挑起的時刻，快速穩住自己。

神聖的時間

時間很寶貴。你如何度過一天，深深影響著你的精力值與健

康。時間帶來成長的機會，該如何妥善地利用，由你自己決定。在此要奉勸大家展開雙手，擁抱時間流，不恐懼，不忽視。認真重視時間，主動做出選擇，就能奪回時間。

一般人到了七十歲，大約已經活了二十二億秒。不論生活帶來的是痛苦、幸福或酸甜苦辣，我們擁有的每一刻都是神聖的。不論你從事的活動是摺衣服，或是在喜馬拉雅山頂冥想，從神聖的角度看時間，能讓你體驗到活著的奇妙之處。此外，你也因此慎選共度時間的對象，選擇能滋養自己的關係。

古希臘人有兩種時間概念：一種是柯羅諾斯（Chronos），一種是卡俄茹斯（Kairos）。這兩種概念能協助疏導你的敏感天賦。柯羅諾斯是時鐘的時間，以秒、分鐘、月、年來計算。在這個物質領域，有待辦清單、截止日期、朝九晚五的工作與社會義務；如果缺乏戰勝壓力的技巧，你會承受不住。不過，若能妥善管理行程表，替不可思議的體驗挪出空間，柯羅諾斯也能充滿驚喜、美妙與樂趣。

對比之下，卡俄茹斯是指神聖的時間，一種非線性的覺察，是共感人更真實的家。卡俄茹斯是靈魂的無限領域，也是神聖時機的天地，每一件事都發生在完美的秩序中。你可以透過直覺、冥想、禁語、觀察共時性，以及我將提供的各種方法，以抵達這種狀態。本書將協助你平衡受時間限制與不受限的自己，不再被時鐘追著跑。

時間、大自然與光的循環

善用每一刻的祕訣，在於留意大自然的不同階段與光的循環。這麼做能增強你的活力，配合生命的脈動。我將在本書強調四種類型的策略，助各位一臂之力：

- 體驗季節的力量
- 觀察分至點（春分、夏至、秋分、冬至）
- 體會神祕月相
- 借用元素的力量

體驗季節的力量

季節標誌與承載著我們的生活，除了影響天氣與作物，也左右著你的情緒與活力。你在一年之中的某段期間，可能會比較快樂、有活力，其他時候則較為消沉。有的共感人會出現季節性情緒失調（seasonal affective disorder），也就是與日照減少相關的憂鬱症，我將提供這方面的自我照顧法。留意自己對季節更迭的反應，能幫助你與身體與大地的韻律連結，更加照顧到自身的需求。

每個季節都有獨特的變化與晝夜模式，影響著你的身體。舉例來說，冬天時，地軸偏離太陽，大地昏暗冷卻，許多地區會出現混亂的天氣，我們直覺想躲在家中與內心的世界。到了夏天，地軸偏向太陽，白日延長，溫度升高，我們比較願意接觸外界。

延續擁抱季節、配合四季的宗旨，本書分為四個部分，自一月一日的仲冬講起，每一部分會特別關注當季的特性：

冬天：向內探索、感受真理
春天：重生、成長、復甦
夏天：熱情、遊戲、豐富
秋天：收穫、改變、放手

季節循環的奇妙之處，在於黑暗時期過後，永遠接著重生。沒有任何事會固定不變。雖然某些地區的四季較不分明，日光的多寡仍會影響心情、活力與作息。即便是在四季如春的加州，留意季節變化能穩住身心，讓你更順利地度過每一天。

你的身體節奏有時會和現實中的時間表起衝突，例如冬天時，身體要你「慢下來」，但過節卻會增加壓力與活動。每當碰上身心緊繃的時刻，本書提供的設下界限等練習將協助你更快速地恢復精神。

觀察分至點

分至點是不尋常的日子，你可以趁這幾個特殊的日子充電並找到平衡。我在每一個分至點都會提供一段冥想方法，體會這股活力。冬至是全年白晝最短的一天，也是安靜下來、點燃內心火焰的絕佳時刻。夏至則是一年當中白日最長的一天，也是充分沐

浴於日光中的機會。春分與秋分是晝夜等長的兩天，你可以利用大自然的平衡，增進自己的情緒與身心平衡。

體會神祕月相

我學習道教文化已有二十五年，誠心崇敬月相，我會在不同的日子進行對應的冥想與儀式，從中汲取力量。道教談大自然的和諧，我們可以從中獲得生機。月亮、潮汐、我們的身體和宇宙，彼此相互連結，留意這一點讓身為共感人的我充滿活力。

你也可以跟我一樣，觀察月亮的陰晴圓缺，我從小就這麼做，月亮向來是我喜愛的同伴。新月代表嶄新的開端，許多共感人會感到一股寧靜的力量。滿月則象徵某種生活模式的高峰，有太多東西湧上來，令人焦躁不安，有的共感人會因此感到緊張。找出自己是否對滿月敏感是好事，你會知道那幾天要特別穩住自己。在你的日誌或日曆上，標出每個月的滿月日與新月日，隨著月相的變化週期，找回最古老的自己，觀察天象、天空與月亮，向創造之神致敬。

借用元素的力量

生性敏感的人士，通常喜歡接觸有風、火、水、土等元素的原始體驗。我將藉由簡單的活動與儀式，教大家怎麼做。例如：洗個舒舒服服的熱水澡；躺在大石頭上，感受岩石的力量；或是在火邊取暖。古希臘的醫生希波克拉底（Hippocrates）教導我們，

留意體內元素的平衡可以促進健康。每一種元素各有特性，能帶給你活力，清除負能量：火能點燃熱情，讓憎恨化為灰燼；水能淨化並驅散一天之中殘留的壓力；土能穩定身心；風代表著重擔被帶走、輕盈與開闊。每個季節都和一種元素有關：冬天是水，春天是風，夏天是火，秋天是土。本書接下來將介紹各種方法，教大家從這幾種元素中獲得力量和喜悅。

本書的使用法

本書為一年中的三百六十五天（閏年為三百六十六天）提供實用的預告，每一天都有對應的章節。閱讀每日的預告可以替這一天定調，你會知道該如何面對每一天，曉得如何吸引正能量，遠離壓力。舉例來說，如果要消除關鍵時刻帶來的壓力（比如即將召開緊張的會議），那就在行事曆中加入一項自我照顧法。即便是短短冥想幾分鐘，也能穩住心神。一點點的自我照顧，就能發揮巨大功效。尊重自己的敏感天性，便是愛自己。

以下是幾種使用本書的方法，各位可以任意嘗試。不論你的選擇為何，記得每天都要抱持感恩的心，感受當下的神奇。

按照一年的順序閱讀：從一年的自我照顧練習中獲得完整的好處。從你拿到本書的那一天起，依照時間順序讀下去。每天早上挪出幾分鐘，安安靜靜坐著，思考當天的訊息，也可以寫在日誌裡。接著在一天之中，運用其中蘊含的哲理。

憑直覺翻開本書，尋求指引：深呼吸幾次，讓自己平靜下來。準備就緒後，隨手翻開一頁，獲得當下最適合你的訊息。你也可以在心中提出一個明確的問題，例如：「我如何擁有更健康的關係？」接著讓你的直覺挑出寫著答案的頁面，照上面寫的去做。

寫下共感人的自我照顧日誌：本書姐妹作兼練習冊《共感人的力量日誌》（*The Empath's Empowerment Journal*），方便大家記錄感受，寫下新的收穫，談一談特別有感觸的主題。各位也可以選一冊自己喜愛的日記本，記錄自己的體驗。

我將邀請各位，和我一起踏上與太陽同行的奇妙之旅。我很興奮我們共感人能齊聚一堂，每天學著更愛自己，讓我們的敏感天賦化為力量。我期許本書能成為你的良伴，每天讀一讀，讓生活更美好。

我藉由這本按照季節與日子編排的書，向共感人的愛心與光陰的神聖致敬。我最大的目標是讓共感的良善與愛發揮作用。我們是敏感一族，我們的生命很奇妙，有許多成長的機會，讓我們一起感受驚喜。每一天，神祕的故事開展。不論發生什麼事，都要持續愛人，持續深呼吸，凝望閃耀的星空，讓時間協助你記住你是永恆的。

別忘了用輕鬆自在的心情，觀照萬事萬物的來來去去，對每一刻都心懷感激。

尊重自己的敏感天性

　　一年之中的第一天是神奇的二十四小時，一個入口打了開來，通往新的開始與新的可能性，你重新看待自己共感力極強的這件事。安靜下來，思考自己的共感天賦：你的直覺、深度、創意、同情心，以及讓世界更美好的願望。感受一下這些特質的價值。

　　新年很適合再次下定決心，好好照顧自己。問自己：「我可以改變哪些生活方式，進一步配合我的敏感性格？我可以如何關懷他人，又不把自己燃燒殆盡？」釐清自己的目標，替正向的改變定調。

　　我喜歡禪宗的「初心」概念，也就是以新的視野看待自己，不拘泥於舊想法或成見。從現在這一刻起，你的第一要務是重視自己的敏感靈魂，珍惜你那顆慈愛之心所帶來的力量。

────────── 今日的自我喊話 ──────────

　　在今天與接下來的一年當中，我將擁抱自己的共感天賦，以自己為榮。我要發揮我的力量，當一個有力量的共感人。我將運用自我照顧的技巧，好好保護並呵護自己的敏感天性。

與眾不同是禮物

如同許多共感人的狀況，你可能自覺不屬於這個世界。你的人生體驗太強烈，愛得很深，有時會覺得很難找到懂你的人。

我從小感到自己和同儕「不一樣」。其他孩子喜歡參加熱鬧的派對，也喜歡逛購物中心，我則喜歡和最好的朋友一起爬樹或寫詩。我是獨生女，經常獨處，享受月亮和星辰的陪伴。我感到自己是地球上的外星人，等著太空船接我回真正的家。

愛因斯坦也說過類似的話：「我真的是個『孤獨旅人』，不曾有歸屬感。我不曾失去……獨處的需求。」

我從小是共感人，我懂與眾不同是件禮物。有一句出處不詳的話很觸動我：「如果你感到無法融入現今這個世界，那是因為你在世上的任務是創造一個更好的世界。」

敏感人士注定要為這個世界帶來光。共感是力量，不是弱點。我替所有外表不同、感受不同、思考不同的人士鼓掌。這個世界需要你帶來的不同。

───────── **今日的自我喊話** ─────────

我會珍惜「不同」這份禮物，完整展現獨特的自我，不讓任何人奪走我的力量。我將發光發熱。

我沒有「太敏感」

許多人從父母、老師、朋友或媒體那裡接收到訊息，認為敏感是缺點或弱點。你一定要溫柔地重新評估關於自己的想法，例如「我太敏感」、「我一定有問題」或「我必須練習臉皮厚一點」。**這些讓你感到羞恥的話都不是真的。**你很強大，充滿同情心，你對別人來說是天大的恩賜。

共感人通常自信心低落，背後原因往往是他們相信社會上那些奚落的話。**不論是誰批評你太敏感，不要相信他們。**你甚至可以和善地回應：「我尊重自己敏感的一面，也請你們尊重我。」如果腦中響起這些批評的聲音，深呼吸，調整好自己，直接告訴那些聲音：「不要再來煩我。滾開！」接著立刻告訴自己：「我的共感能力是一股力量。」你要拒絕接受內心與外在的負面聲音，建立自尊心。

——————— **今日的自我喊話** ———————

任何不肯定敏感、同情與愛的價值的想法，我都不去相信。我會在人生中發揮共感力，在世上支持這樣的價值觀。

直覺是共感人最好的朋友

直覺是心中一個小小的聲音，告訴你生活的真相。直覺以本能、預感、頓悟、意會、做夢與感知能量等形式出現。此外，記得聆聽身體傳達的訊息。問自己：「在這個人身邊時，我的身體有什麼樣感受？活力充沛還是疲憊？我隱約覺得這是個好決定，還是壞決定？」共感人擁有很強的直覺，不要忘了跟著直覺走。

你可能懷疑自己的直覺，或是理性的那一面叫你不要跟著直覺走。譬如，現在有一份高薪的工作，但你和新老闆相處時，身體感到很疲憊。或是你被一個「很優秀」的人吸引，但心中有一個聲音叫你「小心」。如果不確定該怎麼做，至少慢慢來，觀察事情的發展。要做出最好的決定，永遠要考量直覺怎麼說。你的直覺希望你過得好。學著信任直覺，也是很重要的自我照顧法。

───────── **今日的自我喊話** ─────────

我今天會特別留意內在聲音想說的話，傾聽身體傳達的訊息，遵照直覺給我的建議，接著觀察結果。

渴望獨處時間

共感人的快樂祕方是製造足夠的獨處時間。讓自己的神經系統有機會平靜下來，減少感官超載，更能感受到內在的平和。從忙碌的生活中抽離一下，是很好的良藥。減壓後，你將不再感到快被這個世界壓垮，與人相處時能感受到更多的樂趣。

想一想自己喜歡什麼樣的獨處時間。你喜歡安安靜靜躺在舒服的椅子上？你是否想要關上臥室的門，寫日記記錄一天中發生的事，或是冥想？你喜歡到大自然走一走嗎？天冷時，窩在火爐旁啜飲熱茶很美好？想一想你需要多少獨處時間，才會覺得重新活過來。

如果行程太匆忙，那就發揮創意。萬一一天之中，公廁是我唯一能暫時逃離人群的機會，我會躲進去冥想一下！光是幾分鐘的獨處時間，就能迅速恢復精神。

—————— **今日的自我喊話** ——————

我今天會替自己規畫獨處時間，放鬆一下，暫時脫離每天追著我跑的責任與義務。我會給自己一段安靜的沉澱時間，和自己及宇宙對話。

活在當下

完整地活在當下是慢下來、好好品味時間的方法。這一刻、這個永恆的現在，是我們被賜予的奇蹟。你可以從中找到安全感與慰藉。

話雖如此，我們有可能因為困在過去或執著未來而受苦。為什麼我先前要在那份工作待那麼久？我未來會健康嗎？我會找到靈魂伴侶嗎？我的收入會給我足夠的安全感嗎？此外，你有可能出現所謂「災難化」（catastrophizing）的心理歷程，也就是每當某個人生領域遭遇困難，就往最糟的地方想。如果意識到自己出現這種模式，溫和地把念頭導向正面的想法，不再那麼緊繃。

正念是指有意識地活在當下，不批判，專注於此時此刻正在發生的事。如果注意力跑掉了，重新專注於呼吸的節奏，用正念把自己帶回來。此外，也要專注於你的感官，留意景象、聲音、氣味與四周之美，不糾結於腦中的思緒，進入當下。英國文學家 D・H・勞倫斯（D. H. Lawrence）講過一句話：「活著的時刻就是一切。」

—————— 今日的自我喊話 ——————

我將緩緩地深呼吸，讓壓力平靜下來。我不煩惱未來，我告訴自己：「我一次處理一件事。」活在當下是通往自由的道路。

神聖時機

生命有一股你可以直覺投入的流。當你臣服於這股流，你將被帶往你注定要體驗與學習的人、地與情境。只要待在這股流之中，將出現神聖的時機。

然而，神聖時機有時不同於你的自我時機。如果對你的自我來講，目標成真的速度不夠快，記得要有耐心，信任你的人生節奏。不論是揠苗助長或強迫他人，通常不會有好結果。

共感人會因為焦慮，無法完成目標。當焦慮或壓力排山倒海而來，那不是做決定的最佳時刻。舉例來說，當你盡完人事、替職涯或一段關係做好進一步的準備後，接著就聽天命，來一段「神聖的暫停」，等待並觀察事情該如何進展的跡象。打開你的心，邀請宇宙施展魔法。

———————— 今日的自我喊話 ————————

我將找出一件我逼得太緊的事。接下來的一星期，我將順其自然，成為自己生命的慈愛見證者，不強迫，等著看「流」會帶來什麼。

感受能量之美

共感人能夠察覺能量，感知到人體周圍的精微力量。從能量的角度看待自己與世界的互動，是一件很有趣的事。

我們都是由五彩繽紛的能量場組成的。能量場會穿透身體，延伸至身體周圍幾英寸到幾英尺的地方。雖然大部分的人看不見能量場，你有辦法靠直覺感受到。印度的神祕主義者稱之為「夏克提」（Shakti），中醫稱為「氣」。在西方的醫療體系，能量醫學這個子專業，把我們的身心視為能量的展現，傳遞著資訊及人們的想法與情緒。

練習感受不同人士的能量是很有趣的事。一天之中，留意正能量是什麼感覺。你待在某些人身旁時，是否感到活力大振？你是否覺得放鬆或精神好起來？接下來，留意負能量帶來的感受，自問：「我是否感到疲憊、焦慮、不舒服或受不了？」養成習慣，隨時留意人們散發的能量。在替工作、關係及人生所有領域做決定時，把這個面向納入考量。

—— **今日的自我喊話** ——

我將留意精微能量如何影響我的情緒、身體和幸福。這是在尊重直覺，以及自己如何用共感的方式感知這個世界。

這是我的情緒嗎？

情緒共感人有辦法察覺別人的感受，有如海綿般吸收他人的快樂與壓力。你可能很難分辨某股情緒到底是自己的，還是別人的。情緒是我們所有人都會散發的精微能量，具有感染力。你可能無意間吸收了親友的情緒，或是身處人群時，無緣無故突然感到焦慮、沮喪或開心。

釐清情緒的好方法是養成習慣，問自己：「這是我的情緒，還是別人的？」許多共感人會感到困惑與無所適從的原因，在於不習慣以這樣的方式看待人際交流。這也是為什麼練習很重要。

開始練習的方法是在三個人身上做實驗，問自己那究竟是誰的情緒。你與他們互動前，留意自己當下的情緒，當成情緒狀態的基準線。你感到寧靜？焦慮？興奮？互動之後，觀察自己的情緒發生什麼轉變。如果感到情緒不一樣了，不論是稍微不同或大起大落，你八成是吸收到對方的情緒。

-------- **今日的自我喊話** --------

我將留意自己的情緒，給予自己力量。我會小心從他人身上吸收的情緒，好增進身為共感人的自我認識。

處理精疲力竭

　　如果要減少精疲力竭的感受，訣竅是快速留意到這件事。許多共感患者求診時，告訴我：「我已經精疲力竭好多年了。」他們持續處於不舒服的感官超載狀態，感到疲憊、倦怠或不舒服。幸好你不必讓自己走同樣的冤枉路。

　　每一天都善待自己。如果一下子有太多東西湧向你，那就挪出時間，想辦法減少刺激。留意自己開始承受不了的時間點。同事或家人向你提出太多要求？自己過分努力？最重要的是，趁刺激排山倒海而來之前，立刻察覺自己不舒服，接著至少花幾分鐘遠離刺激。我通常會躲進無聲或沒有刺眼燈光的房間，休息或冥想一下，把自己調回更平衡的狀態。你也可以這麼做。

──────── **今日的自我喊話** ────────

　　為了避免或減少過頭的狀況，我會安排一小段空檔，或是更長一點的時間，減少外在刺激。學著處理過量的感受，是我的共感人必備工具。

養成冥想的習慣

　　冥想非常有用。向內尋求可以讓敏感人士找回重心，釋放壓力。相關練習能讓內在亂七八糟的雜音消失，暫時放下待辦清單，在一個永恆的慈愛狀態與內心連結。你可以想成是暫離紅塵，喘一口氣。不論是在大自然中一邊散步、一邊冥想，或是在室內冥想，都能把你帶回此時此刻，減少感官超載的情況。

　　你可以在家布置一個神聖的舒適空間，在那裡冥想——一個遠離塵世的安全避風港。可以擺一張簡單的桌子，還有蠟燭、香和鮮花。我早上醒來的第一件事及睡前，都是在專屬的神聖空間冥想。這一再讓我通往內心，帶來活力。

　　每當你感到心神不寧、疲憊不堪，或者只是想安安靜靜休息一會，可以利用以下的冥想法：

　　找一個舒服的坐姿，放鬆身體，卸下心防。讓注意力回到現在。如果負面念頭騷擾你，就讓它們像天上的浮雲一樣散去。專注於自己的呼吸節奏，邀請寧靜的感受穿透你。

—————— 今日的自我喊話 ——————

　　我要養成固定冥想的習慣，定期照顧自己。冥想將幫助我穩住精神，恢復活力。我的目標是每天冥想。

承受世上的苦難不是我的責任

　　共感人的心是敞開的，不像許多人有情緒的防衛機制。不論是至親或陌生人，你都能感受到他人的痛苦，而且直覺想要帶走他們的痛苦。事實上，許多人都被教導，「有同情心」代表我們有義務讓他人不再受苦。

　　這並非事實。你可以提供一個支持的空間，但不必把別人的痛苦吸進自己體內。抓到平衡是一門療癒的藝術。你可以在心中告訴自己：「這不是我該背負的責任。」你不可能拯救別人，你真的不該嘗試那麼做。二十多年的行醫經驗教會我，每個人都有尊嚴，你該讓他們踏上自己的道路。

────── **今日的自我喊話** ──────

　　我關懷他人，但不必犧牲自己，也不必承擔他人的苦痛。我尊重對方的療癒過程，不試圖「治好」他們。

在社交情境中過度與人爲善

大家是否很喜歡和你分享心底的感受？你在派對上，是否經常聽到別人的人生故事？敏感族會吸引想傾訴煩惱的人，就連陌生人也會找上你，彷彿你身上有一個牌子寫著：「我能幫助你。」其他人能感受到你慈愛的本質，紛紛跑來尋求忠告。

共感人往往不曉得該如何切換到「勿擾模式」。這是很寶貴的技能，請務必學會。舉例來說，如果我想在飛機上安靜一下，我會想像身體包覆著隱形的斗篷，隔開外界，我要在內心世界補充能量。我刻意不和人有眼神接觸，也不接話。我不會擺臭臉，依舊維持和善的態度，但其他人能察覺我無意交流。各位可以試試這個方法。

為了你自己好，偶爾不有求必應是 OK 的，甚至是必要的。你可以說：「不好意思，我得去一趟洗手間。」也可以設定你只能和某人講多久的電話，不照單全收，不淪為情緒垃圾桶。

──────── **今日的自我喊話** ────────

我將練習在社交情境中照顧自己，選擇限制與他人交流的時間。不必誰想找我聊天，都要挪出時間。

與大自然融爲一體

敏感人士會受到大自然吸引，就像回到家一樣。樹木、花草或山間令你感到煥然一新。你有可能喜歡接近水域。我懂得詩人沃茲華斯（William Wordsworth）所說的，「這個世界對我們來說太多了」，也能體會他筆下的寧靜大自然。大自然是很好的靜修場所，可以讓人恢復精神。

大自然也能清除有毒的能量。你不必「做」任何事，只需慢下腳步，領略大自然之美，專注於眼前生機盎然的青山綠水，留意萌芽植物的律動與呼吸。植物讓空氣充滿氧氣，移除二氧化碳，淨化我們的環境。

大自然是感官的盛宴。記得留意陽光是如何灑落林葉，還有欣賞靄靄白雪，甚至是冬天光禿禿、到了春天才會重生的休眠樹幹。大自然的每個時期都能讓你如獲新生。定期造訪大自然，讓大自然撫慰你，重返生命的本質。

──────── **今日的自我喊話** ────────

我今天將仰望星辰、明月與天空，好好享受林木與大地之美，在優美的大自然中休憩，天人合一。

水告訴我們的事

在許多傳統的療法中，風、火、水、土四種元素各有獨特的滋養性質，分別與四季連結。水通常與冬天有關，代表寧靜、休養生息、彈性與流動。我們體內有三分之二都是水，也難怪許多敏感一族會受到水的吸引。

流動的水會釋放令人鎮定的負離子，增加血清素，生成體內的天然抗鬱劑；海洋與瀑布令人感到身心舒暢的原因就在此。水能淨化你吸收到的不良情緒。在忙碌的一天中，即便是洗個手或喝喝水，都能洗去壓力。

觀察水能讓你學到如何繞過障礙。即便是結凍的冰河，最終也能流向大海。

你可以以水為師，不與人爭，降低衝突，尤其是碰上和另一半吵架或塞車等劍拔弩張的時刻。一股大浪即將打到身上時，最好潛至亂流底下，而不是掙扎，害自己受傷。水提醒我們要和禪宗武士一樣，以柔克剛。

—————— **今日的自我喊話** ——————

我將觀察水的流動，學習隨機應變，練習在障礙之中移動，不硬碰硬。

練習疼惜自己

自我疼惜的意思是對自己慈愛，不冷言冷語，讓自己喘口氣，承認你在任何情況下已經盡力了。當你成為自己的支持者，比較會覺得自己受到保護。

研究顯示，疼惜自身不足的人，幸福感遠遠勝過嚴以律己之人。只要是人都會犯錯，愛的重點在於學習如何在犯錯的時刻面對自己。

話雖如此，對別人好通常比疼惜自己來得容易。這些年來，許多心理治療師朋友都向我抱怨過這個問題。不過別擔心，這本就是愛心人士需要學習的課題，好包容自己做不好的地方。

疼惜可以學。先從每天至少善待自己一次做起，例如：關掉電腦，好好散步，或是告訴自己「你做得很好」，「碰上控制狂朋友，還能保持修養真是不容易。」我的道教老師說：「每天少斥責自己一點，也是靈性上的進步。」

—————— **今日的自我喊話** ——————

我會當自己最好的朋友。我不完美，但沒有誰是完美的。我不會怪罪自己，我會仁慈地善待自己。

找回內在小孩

每個人的內心都住著一個值得被愛的好孩子，但你成長的家庭不一定會看見或善待這個敏感的靈魂。你的內在小孩可能因為「軟弱」、「娘娘腔」、「愛哭鬼」而被羞辱。女孩聽到這種話已經很不舒服，男孩被陽剛型的孩子霸凌或排擠更是受傷。

長大後，你受傷的內在小孩可能躲進很深的地方，你可能已經忘掉他。然而，即便你沒意識到，內在小孩承受過的痛苦依然存在，有可能毀掉你現在的關係，包括你可能恐懼親密、不願設下界限，或是戴著面具做人。

你一定要找回內在小孩。方法是想像童年的家。在那個地方，沒人看見或關心你的內在小孩。接下來，請那個可愛的女孩或男孩再度露面，告訴他：「很抱歉你受到傷害。我知道那有多痛苦，但是現在我會保護你，不會再讓任何人傷害你。」說完之後，帶著這個好孩子回家；上天賜予那個孩子天賦，你會讓那孩子發揮驚人、美好的創意。

———————— **今日的自我喊話** ————————

我會找回內在的小孩，那是個充滿活力與敏銳的自我。我將永遠呵護這個可愛的孩子。

設下健康的界限

你能設定明確的界限時，人際關係將獲得改善。界限的意思是溝通你喜歡如何被對待，例如「我很高興今晚能見到你，但我只能待一小時」，或是「抱歉，我目前無法再多接更多事了」、「請不要再提高音量」。如果你優柔寡斷，就不會被認真對待。成功傳達界限的方法是態度和善、但堅定，其他人將明白你是認真的，也比較不會感到冒犯。

如果你不願意設下界限，是什麼原因阻止你？自尊低落？害怕被拒絕或傷害別人的感受？你有可能無法在家中安心地表達自我。我有一些敏感病患會尋求心理治療，是因為太膽小，不敢在生活中表達意見。在他們有辦法設下界限之前，一直被踩在腳下，扮演關係中的受害者。

改變這種模式的方法就是實踐這句話：「害怕歸害怕，界限依然要設下。」先從簡單的對象開始練習，例如，電話行銷人員或願意支持你的朋友（別一開始就從母親著手！）。學會了這項保護技巧，你的人生會更美好。

―――――――― **今日的自我喊話** ――――――――

我今天會和善、但堅定地對一個人堅持我的界限。這種形式的自我照顧能讓我擁有更健康的關係。

不要就是不要

如果有人對你抱持不切實際的期待，要你做辦不到的事，記住：不要就是不要。要成功說「不」並且避免引發反彈，就是以堅定、中立的方式說出口。不禮貌或激動的口吻會帶來副作用。你無需替自己辯護，也不需要開啟複雜的對話。好好講，明確、簡單地拒絕就可以了。

聖雄甘地講過的一句話，非常打動我：「以最深的信念說不，勝過為了討好而答應。怕麻煩而說好更是糟糕。」以和善、但堅定的態度設限才健康，你沒有義務替別人解決問題，好心只會助長依賴。少了界限，一段關係不會平衡，沒有人是贏家。

好心人不會輕易答應每個請求。比丘尼佩瑪・丘卓（Pema Chodron）提醒我們要避免「愚蠢的同情心」，不要在絕對應該拒絕的時候，迴避衝突。有時要給予，有時要說不。維持這樣的平衡，可以讓你免於精疲力竭，維持真誠相待的友好關係。

———————— **今日的自我喊話** ————————

就算一開始感到彆扭，今天我至少要和善地拒絕他人一次。我向自己保證，多練習幾次就會比較容易說出口。

判別心口不一的人

你會直覺感到某些人不是表面上那個樣子。直覺告訴你：「有什麼地方不對勁，我不確定能否信任這個人。」共感人被稱為「人體測謊機」，他們心中的雷達擅長察覺他人的表裡不一。

直覺提醒你某個人表裡不一的時候，原因可能很多，包括那個人缺乏安全感，不敢說出真正的感受，也或者他們誤解了實情。找出答案的方法很簡單：觀察那個人一段時間，看看他們是否言行合一。此外，你愈瞭解一個人，就愈明白他們的動機，真相便會顯露出來。

—————— **今日的自我喊話** ——————

我會聽從直覺告訴我關於某個人的事，而不是質疑自己。如果某個人讓我感到不真誠，我會小心，持續觀察，找出原因。

把身體當朋友

　　善待身體，你的共感天賦才能開花結果。你的身體是敏感的直覺接收器，協助你好好活下去。

　　話雖如此，共感人不一定能和自己的身體和平共處。有好多年的時間，我感到渾身不對勁，好像這個軀殼太小。太多強烈的情緒令我不知所措，我麻木地漂浮在自己的上方幾英寸之處。不過，我一旦學會停止吸收他人的壓力，我的身體就變成更安全、更有趣的地方。

　　你的身體是一座聖殿，裝著你的靈魂。你要聆聽身體的引導，有如聆聽內心的大師。穩住身心的方法是專注於呼吸，告訴你的身體：「我會把你當成朋友，留意你發送的訊號。知道自己過載時，我會靜下來。如果需要休息，我會去玩耍。」善待你的身體，你將感到活力更充沛。

────── **今日的自我喊話** ──────

　　我將緩緩深呼吸幾次，完整待在自己體內。享受感官帶來的愉悅，感受散步、呼吸、吃東西與聞到花香的美好。

聆聽疲勞

疲勞是身心過載的頭幾個跡象之一。即便如此，你有可能持續強迫自己完成待辦事項、工作計畫或其他活動，導致慢性疲勞，增加心力交瘁的可能性，最後引發感官過載、腎上腺疲勞、焦慮與憂鬱。

很不幸，我們的社會獎勵咬牙苦撐，讚美忽視身體訊號的優秀人士。我們習慣性地不重視身體。這樣的選擇對敏感人士來講特別有害，因為生性敏感的人更需要特別呵護，擁有更多的休息與獨處時間。

我建議我的病人把疲憊當成智慧之聲。它在告訴你：「休息吧，幾分鐘也好。」冥想、午睡，甚至只是安安靜靜坐著。這些小小的調整，加上一夜好眠，將使你恢復活力。記得聆聽自己的疲憊程度，用愛好好照顧自己。

───────── **今日的自我喊話** ─────────

我今天會問自己：「我是否有急性疲勞或慢性疲勞？」接下來，找出一件我能做到、關愛自己的事，休息一下，恢復精神。

呼出壓力

在忙碌的一天當中，觀照呼吸能穩住你的心神，使你放鬆。在印度傳統裡，氣是備受推崇的普拉納（prana），亦即神聖的生命能量。你可以透過這股生命力量來減緩壓力。

我往往會觀察新患者的呼吸模式，判斷他們執著或放手的程度。敏感人士有可能不自覺地閉氣或者呼吸很淺，進而阻礙能量的運行。如同動物希望隱身、不被掠食者注意到而慢下呼吸，你有可能為了保護自己而閉氣。

吸進氧氣、呼出二氧化碳，你的呼吸將清理體內的有毒物質，呼出有害的情緒。有意識的呼吸能讓你回自己身上，穩固下來，釋放壓力。試一試這個練習：

花幾分鐘閉上眼睛，安安靜靜地放鬆，什麼都不想，只專注於呼吸。吸氣時，慢慢地、鎮定地吸氣。吐氣時，排出你先前吸進的任何壓力。接下來，吸入寧靜，呼出憂慮與恐懼。最後，心滿意足地呼吸，感到一陣幸福充滿全身。

―――――― **今日的自我喊話** ――――――

我將練習有意識的呼吸。如果我注意到自己在閉氣，便會回復自然緩慢的呼吸。在每一次吸氣與吐氣之間，我將感受到自己的生命力增強。

明智地管理時間

　　我十分堅持時間管理這件事，因為我希望擁有平衡的人生，不慌不忙，不給自己找太多事，也不要壓力過大。我是共感人，每次工作一過頭，身體立刻出現胃痛或背痛的症狀，人也變得易怒或疲憊。我希望盡量避免這種狀況。

　　妥善管理時間是最基本的自我照顧。想一想你目前如何安排每一天、每個星期、每個月。你滿意自己的時間表嗎？工作和娛樂是否達到應有的平衡？還是你勤奮過頭，不管做什麼事都很急，感到生活好累？用疼惜的眼光評估自己的狀態，記錄自己做得到的正面改變，會有所幫助。想一想有哪些更好的辦法，能夠理出日常事務的優先順序，把責任分出去或減少干擾。接下來，實際採取行動，帶來轉變。有的責任會消耗你的心神，有的活動則讓你充滿活力，你要想辦法在兩者之間找到平衡。

────── **今日的自我喊話** ──────

　　我會小心管理時間。我希望擁有平衡的生活，對工作充滿熱情，同時也懂得玩樂。

不再尋尋覓覓

好多年來，你努力「讓事情發生」，向外尋求答案，但是有一天，你將不再尋尋覓覓。這句話的意思，不是你不再追求夢想，而是在內心深處，你知道你已經達成目標。這裡指的不是外在的成就，比如一份好工作或銀行存款，儘管你確實可能擁有這些事物。更重要的是，你內心感到一股「身心圓滿」之感，且讓你引以為傲。你持續在心中找到避難所。在寒冬或任何時刻，心是你讓自己暖起來的地方。

安是我八十多歲的佛教徒好友，她把以下這段話擺在冥想壇旁。我也在家中放了一份。我希望在成長與自我實現的道路上，這段話也能帶給各位平靜。你已經抵達，只是你可能尚未意識到。家是你心中永恆的慈悲。

無所求

無所欲

無所得

安住在你本有的圓滿中

不再追逐

────────── **今日的自我喊話** ──────────

我的內心感到自在，就像回到家一樣。我將體驗自己的圓滿，體驗我作為自己的喜悅。

正面的自我對話

你腦中想的事會影響你的精力值，引發體內的生物化學反應。正面的態度會製造腦內啡，也就是帶來良好感受的荷爾蒙，提升幸福感。負面的態度則會增加壓力荷爾蒙，讓幸福感下降。

正面的自我對話是一種強大的自我肯定，你將不再專注於負面或恐懼的念頭。冬季由於日光減少，敏感人士更容易沮喪（本書 12 月 16 日那一篇會進一步介紹季節性情緒失調）。正面的自我對話能協助你走過冬日憂鬱。舉例來說，如果你因為和太多人互動，感到疲憊不堪，那就告訴自己，「給自己獨處的時間可以減壓」，而不是責怪自己拒絕別人的邀約。另一個例子是，你可以告訴自己，「太好了，我看了一部有趣的電影」，而不是批評自己偷懶。

正面的自我對話能讓你不再恐懼，不會沒事就往負面的地方想。多加練習，習慣成自然。你或許無法全面掌控生活中的每一件事，但你能掌控自己的態度。

────── **今日的自我喊話** ──────

我感謝人生順利的地方，避免滿腦子想著哪裡不對。我把注意力放在自己和他人最好的一面。

孤單寂寞

我輔導過許多感到孤單寂寞的敏感病患。他們經常無法承受這個世界帶來的壓力，躲在令他們感到安全的家中（冬天的惡劣氣候有可能助長這種習慣）。此外，許多像我們這樣的人因為缺乏歸屬感，待在團體裡反而比獨自一人還寂寞。

如果你心有戚戚焉，我能理解你的孤獨，而且你想躲起來。我大半輩子都在經歷這種事。然而，你不必再感到孤單。你是共感族的一員。許多共感人都能理解你。全球各地的共感人正在「出櫃」，一起發揮共感人的力量。即使沒見過面，我們依然可以借重彼此的力量。

與其他共感人連結，你就不再感到寂寞。你可以組織共感人的支持團體，我在《共感人完全自救手冊》一書中談過實際的步驟。此外，也可以造訪 Facebook 上類似 Dr. Orloff's Empath Support Community（歐洛芙醫師的共感人支持社團）這樣的社群，找到志同道合的朋友。

———— **今日的自我喊話** ————

上網搜尋資訊、文章或支持團體，尋找其他共感人。此外，我也會發現生活中其他的敏感人士，與他們交流。

找到靈性的慰藉

向更高的力量求助可以平息焦慮，將恐懼轉變成愛。靈性有許許多多的名字，如上帝、女神、愛、大自然、偉大的奧祕、宇宙的智慧。接收靈性，可以使你超越渺小的自我，戰勝佛教所說的「猴心」，也就是紛亂的念頭、恐懼與憂愁。你被帶進更宏大的自己，更加清楚聽見直覺的智慧之音。靈性廣大無邊，能容納以恐懼為本的小我。

在你疲憊、憂愁或感官超載的時刻，暫停一下，不要被那樣的感受綁架。把每一件事慢下來。深呼吸幾次，在內心請求感受到靈性的遼闊無邊。打開自己，接受至高無上的愛與祥和，感知靈性的照顧，讓那股正能量滲透你整個人，告訴自己在這一刻，一切平安無事。

---------------- **今日的自我喊話** ----------------

我將定期與靈性連結，克服恐懼。我隨時可以選擇走出恐懼，進入愛的境地。

安靜一下

這個快步調的世界令人感到應接不暇，挪出一段安靜時刻能讓你喘口氣。

你可能沒意識到噪音讓你很疲憊。有時，你甚至聽不清自己講的話，更別說要聆聽直覺。吵雜的餐廳、警鈴、鑽地機、無止境的說話聲，你可能為了保護自己，無意間隔絕了自己的敏感天性，生活中帶著防衛心，或者封閉自我。

安靜能讓人小憩。我自己會覺得鬆一口氣。不說話的安靜時刻能讓人恢復能量。一行禪師講過：「如果我們的腦中充滿話語和思緒，將沒有空間留給自己。」冬天的緩慢節奏鼓勵我們向內尋求，模仿自然：你可以和白雪一樣無聲，或是和休眠的森林一樣靜止，等待春暖花開。在寂靜之中，直覺的聲音會變清晰。

每星期至少要有幾天能安排五分鐘的安靜時間，沒人可以打擾這段神聖的時間。你可以安靜地待在辦公室、家中或戶外的林木中。在沒有噪音的美好時刻，重新與內在的靈性連結。

今日的自我喊話

我的時間表當中將安排固定的安靜時間。即便不習慣，我也願意嘗試，看看寧靜可以怎麼讓我恢復精神。

43

選擇知足

增加幸福感的方法是對生活感到滿足。知足是一種選擇,來自接受現實,即便現實不完美。不論身處順境或逆境,你都怡然自得,能夠說出:「我愛自己。」

滿足感來自你的心,而不是頭腦。你感受到發自肺腑的慈愛、快樂與溫暖,足以安撫自己。知足不會讓你變得消極,你依舊追求目標,但同時也感激自己所擁有的。儘管你理智上很想糾結在仍需改善的地方,花一些時間體會滿足和慶幸,能讓你暫時放下所有出人頭地的壓力,簡單感受生命的燦爛。

—————— **今日的自我喊話** ——————

我允許自己每天至少花幾分鐘感到滿足,不去想自己或他人不完美之處或缺點。我將感激我的生活,滿意自己得到的東西。

創造你熱愛的生活

敏感人士要活得快樂，前提就是達到各種平衡，在生活中創造精力與熱情。先從做出不違反本心的選擇開始。你可以運用理智，但也要持續感知內心。不要假設一年前行得通的事物，現在也適合你。

在評估自身的快樂程度時，別忘了納入生活的不同面向，包括獨處時間、社交時間、玩樂與創意、健康、愛、工作。先修正一個領域，再換下一個。問自己：「我如何在這個領域獲得更多精力、平衡與熱情？」除非有必要，不必一下子做太大的變動。

先從小的改變做起，小小一步會神奇地帶領你通往自由。例如，你可以每天多冥想幾分鐘、在兩個會議之間的空檔安排較長的休息時間，或是想像工作上令人振奮的新計畫。把讓你心滿意足的元素，逐漸加進一天之中。一段時間過後，重新設想人生的不同面向，滋養你的精力與靈魂。

————— **今日的自我喊話** —————

我將嘗試讓自己快樂的新事物。創造自己喜愛的生活，就從一次做一個小小的改變開始。朝這樣美好的方向努力，永遠不嫌遲。

調整步調

慢下步調是熱愛生活的關鍵。如果你永遠匆匆忙忙，處於壓力之中，你不可能感到平靜。匆忙對敏感天性尤其有害，因為你會長期處於焦慮、感官過載與倦怠的狀態。此外，時間流逝速度也會變快，你更難享受每一刻。

你很急的時候，壓力荷爾蒙會上升，身體的天然抗鬱劑血清素則會減少。你有可能因為安排了過多的活動，把自己逼過頭。另一種可能是，你自認懶惰或是一定要達成某些目標，不然就代表自己不夠好。如果你屬於討好型的人格，你有可能過度付出，害怕別人失望。

慢下腳步可以增強你的活力，預防倦怠。你每日的行程是否配合你的精力值？如果是，那很好。不是的話，想一想哪一種步調更適合你，逐漸朝那個方向調整。不管再忙，也要花一點時間冥想，在兩件事之間安排休息時間，快速補充活力。即使是微小的步調調整，也能改善精力。有生產力很好。如果能在一天之中穿插一些慢活的時間，就算只有短短幾分鐘，你的感受將更美好。

—————— 今日的自我喊話 ——————

我將仔細觀察我的生活步調，規畫更平衡的行事曆。避免匆匆忙忙，過度安排行程。

活動筋骨是青春之泉

定期運動可以釋放壓力，穩定身心，讓你容光煥發。還能分泌腦內啡，也就是讓人「感受美好」的神經化學物質。當你感到身心穩定，就能發揮更多的共感能力，也能避免感官過載。

動一動能維持身體與免疫系統的健康，除了外貌顯得年輕，也會感到更有朝氣。保持年輕力壯的狀態與彈性，肌肉就不會因為老化而僵硬。久坐的生活形態會讓氣無法自由流動，但只要多動、多伸展，就會感到更年輕、元氣滿滿。

我靠運動平衡自己，排出吸收到的壓力。平日，我會做有氧運動、瑜伽、重訓，也享受在峽谷健行、沙灘上散步。光是動一動與深呼吸，心情便愉快起來，彷彿回歸自然。

同理，記得要安排自己感興趣的固定運動。如果才剛起步，做點簡單的瑜伽伸展，一天一次，負擔才不會太重。共感人多半喜歡水，游泳會讓你感到美妙愜意。皮拉提斯、跳舞、騎腳踏車也可以。慢慢來。實驗各種形式的動一動，找出讓你舒服的方式。

─────── **今日的自我喊話** ───────

我會每天活動筋骨，增強體力，釋放壓力。我會把運動當成一種觀照的冥想，而非必須衝向終點線的短跑競賽。

神聖的沐浴儀式

忙了一天後，讓自己泡個澡或淋浴，洗去當天的壓力。把沐浴當成神聖的儀式，不只是每天要做的事。洗澡時，在一旁擺放蠟燭與水晶，照亮你的空間，產生力量。你可以在水中加一點穩定神經的薰衣草精油。

水是強大的元素，共感人可以靠水恢復元氣。古羅馬的浴場經常成為治療所。受傷的士兵戰鬥過後，會在浴場療傷，由高明的醫者照顧。猶太教使用浸禮池，是洗滌靈魂的傳統作法。基督教也有類似的洗禮，浸在水中有淨化的效果。

我有一次生日，有幸造訪塔薩迦拉禪山中心（Tassajara Zen Center）。那是位於北加州的僻靜之所，收不到電話與網路訊號。裡面有一口礦泉，入口處一旁貼著禱詞，讓人感受到沐浴的神聖。你在沖澡或踏進浴缸前，也可以跟著默念：

我洗滌身心／煥然一新／洗去塵囂／洗去壓力／洗去恐懼／容光煥發／從裡到外

今日的自我喊話

我會把自己浸在水中，洗去所有的有害情緒或壓力，讓水帶走我所有的憂慮。我會放鬆地享受這種體驗，恢復精神。

簡單與極簡主義

簡單是我修行的核心原則，協助我留意到陽光灑落林間、烹煮朝鮮薊、對朋友微笑，全都充滿簡單的美。許多共感人喜歡簡化生活，減少刺激，避免感官過載。此外，減少忙碌的程度，執行斷捨離，也會令人身心舒暢。

你可以在生活之中找到快樂，不必囤積財物。幾年前，我因為搬家，把大部分的家具與衣物送人，只留下必需品，結果真的感覺一身輕！少即是多，你可以趁機清出身心的空間，去掉多餘的事物。

簡化生活能協助你找回時間。與其每天塞進一堆人事物，不如找一個可以休息的空間，來一場神聖的暫停，天馬行空想著各種可能性，品嚐簡單事物的神奇之處。美國哲學家梭羅（Henry David Thoreau）寫過一句話：「一個人能捨去多少，就能多富有。」

―――――― **今日的自我喊話** ――――――

我會安排少一點活動，清掉部分物品，感受簡化生活帶來的自由感受。我將觀察這麼做如何讓我多出時間與空間，更能享受每一刻。

深深感受到事物

共感人擁有敏感的神經系統，一碰到什麼便迅速回應，就好像用五十根手指握住東西，而不是五根。由於你是共感人，無法和其他人一樣輕鬆過濾掉光線、味道、氣味、聲音和情緒，你的感受通常很強烈，以激昂的方式感受人生，比一般人更缺乏防護。

我因為有著強烈的情緒反應，以前會害怕自己「太認真」，把人嚇跑（尤其是交往對象），所以我試著壓抑感受，裝出另一個樣子。然而，我以共感人的身分成長後，我看出熱情、認真的生活很美，我永遠不想改變那部分的我。

儘管如此，你要懂得照顧自己，才有辦法保持一顆熱情洋溢的心。如果暴力的電影或新聞廣播讓你太難受，盡量不要去看。一定要安排充分的安靜時間，用安定來平衡你的激烈。一旦你能接受自己擁有深刻的感受，就會吸引到看重這項特質的人。

─────── **今日的自我喊話** ───────

我不會假裝自己是另一種人，也不壓抑自己的情緒。我接受我有強烈的感受。我會找到接納我敏感天賦的人與環境。

獨處 vs. 孤單

定期獨處是共感人的救星。獨處可以讓你暫時免於與人互動，不必回應別人的需求，還能把聲音、光線、溫度和環境中的其他面向，調整到適合自己的程度。獨處讓你不受打擾，享受自己的陪伴，冥想、呼吸、伸展，再次回到與生俱來的節奏。

不過，獨處與孤單不一樣。孤單是一種痛苦的感受，你遠離了滋養你的源頭。那個源頭可能是自己、神靈或社群。當你只有自己一人，有時會冒出寂寞的感受。不必抗拒那種感受，我們都有那種時刻。我太忙的時候，會開始想家，覺得自己很孤獨！在人群之中，你同樣可能感到孤單。不論你只是有一點寂寞，或是有很深的孤獨感，這種感受在提醒你，要和愛的泉源再度連結。

你永遠不會真正一個人，神靈永遠陪伴著你，所以寂寞的話，想著你的心、想著靈。此外，不要躲開這個世界，試著向外求援，共感人很容易與世隔絕，但是愛會讓孤單消失不見。

—————— **今日的自我喊話** ——————

我每天將挪出獨處時間，恢復精神。孤單的感受提醒我需要再次與愛團圓。在那樣的時刻，我會更深入地與神靈和朋友連結。

靈魂之友

「靈魂之友」（anam cara）的概念相當觸動我，那是蓋爾語，意思是和某個人特別契合，能夠分享心底最深的感受。你們親密無間，感到比有血緣關係的親戚還像家人。

我在成長過程中，一直有個最好的靈魂之友，我們什麼事都一起做，比跟一堆人社交更美好。你可能懂我在說什麼。共感人一般會有一個最好的朋友，或是兩三知己，不會四處呼朋引伴。

找出你目前的靈魂之友，重視這種特殊連結。這樣的關係能鼓勵你成長，也讓你感覺有人懂你這個共感人。此外，即便你從未有過這種想法，請提醒自己去發現新的靈魂之友。第一次見面時，你們可能感到似曾相識，彷彿從前就認識了；這次有如重新聚首，而非初次見面。靈魂之友是值得珍惜的忠誠同盟，在培養友誼的過程中可以相互扶持。

────── **今日的自我喊話** ──────

我願意結交靈魂之友，我和他們有著特殊的連結。即便我目前沒有這樣的朋友，心中懷抱這樣的希望，能助我吸引到志同道合的人。

共感人擁有眞誠愛人的心

上天賜給共感人一顆真誠的愛人之心，你深深關心他人與這個世界，也關懷人類、花草、土地與孩童。此外，你特別喜愛動物與所有的有情眾生。你的情感很深，也具有很深的直覺。

共感人要活得好，必須學著愛自己，就像你愛這個世界一樣，包括瞭解在這個過度理性的社會中，你的共感能力有多重要。你的關懷帶來一束光，劃破黑暗，讓所有人通過難關。雖然付出這麼多的愛不免受傷，你的心能讓你堅強、正面、純潔。

你在照顧自己時，也一定要保護你那顆有容乃大的心。該怎麼做？拒絕讓任何人看輕你。練習正面的自我對話，扭轉負面的想法。舉例來說，如果你告訴自己「我不夠好」（很多共感人都會這樣），可以學著快速反駁這句假話，再次肯定自己，「我夠好。我有愛，我正變得堅強，更有自信。」這麼做能帶自己回到正能量的溫柔天地。

———— 今日的自我喊話 ————

我將重視並保護我的真誠之心，選擇會支持這顆心的人際關係。我有愛人的能力，我將為自己的人生與這個世界帶來光。

和自己結婚

你一輩子最重要的關係，就是和自己的關係。培養這段關係將使你健康、快樂、完整。

我覺得和自己結婚的概念很好。這種別名為「自我結合」（self-uniting）的婚姻，正式承諾去愛、尊重並珍惜自己的成長與共感天賦。這與自戀無關，也不是活在自己的世界裡。你可以對自己發誓：「我會疼你，不會拋棄你，也不會讓任何人傷害你。我會聆聽你的需求，永遠守護你的幸福。」

如何和自己結婚？首先，寫下獨特的誓詞，那是一封寫給自己的情書。你可以寫在日記裡，日後回顧。接下來，辦一場簡單的儀式，例如在裝飾著花朵的聖壇前，或是在大自然的神奇美景中，說出誓言。你可以私下做這件事，也可以找朋友和動物同伴當見證人。你也可以在內心說出誓言，不舉辦任何儀式。此外，你喜歡的話，也可以戴上戒指、手鐲或項鍊吊飾，象徵你與自己的神聖結合。

不論你處於親密關係或單身，都可以和自己結婚。不論是哪一種情況，珍惜自己都能吸引到真愛並加深愛意，進一步吸引或維持能尊重你敏感人格的伴侶關係。

—— 今日的自我喊話 ——

我會愛自己、尊重自己、珍惜自己。我會永遠努力照顧自己，讓自己成長，不論我是否處於親密關係中。

吸引愛

能量的基本法則是同類相吸。你散發的愛與正能量愈多，就愈能為自己帶來更多的愛與正能量。我們全是精微能量的發收器，永遠在發送訊號，讓頻率相似的人接收到。

由於你的能量會反映出你的看法，很重要的一點是你要感到值得被愛。如果你在不健全的家庭中成長，沒人「看見」你，沒人呵護你的敏感天性，可能很難做到。如果你有自戀或酗酒的父母，給不了你應得的愛，你的療癒課題是承認自己有價值，然後就能吸引到有能力愛的人。

親密關係除了要看你能為一段伴侶關係帶來什麼，也要看你能接受什麼。連你都不善待自己，要怎麼期待別人對你好？本書介紹的各種自我照顧法，將協助你感受到自我價值，把自己調到愛的頻率。當你的目標是珍視自己，治癒所有的恐懼，不再封閉自己的心，愛將向你展開雙臂，帶來你一直渴望的東西。

今日的自我喊話

我是一個有愛的人，我值得被愛，我將吸引到能支撐我身心的愛。

我想要愛人，也想要獨處

你處於親密關係時，是否感到自在？還是感到矛盾？你是否想要有人陪，也想要自己一個人？

一直到前幾年，我大半輩子都處於單身狀態。太多與人相處的時間令我感到窒息。談戀愛讓我壓力太大，想要逃跑，但單身時又渴望有個靈魂伴侶。我想要連結的渴望，和想要獨處的願望時常起衝突。你可能也有過那種拉扯的感受。

我學到一件事：真誠表達需求後，共感人還是能夠擁有親密關係。壓抑情緒不會令你感到快樂或自在。當壓力慢慢累積，你會想要逃走。自我照顧的核心是找出自己的親密需求，接著告訴另一半。

首先，你可以記錄在一段關係中真正令你感到舒服的事，強調最優先的五件事。你是否需要更多的獨處時間？你希望減少家中的噪音與髒亂？少一點客人？更常和另一半到大自然走一走，或是享受感官？誠實地面對自己，你會更知道如何溝通。

―――――― **今日的自我喊話** ――――――

我將在一段關係中，誠實表達我的共感人需求，包括我需要休息與獨處的時間。我有權在伴侶身旁感到放鬆、快樂。

不要被某人的「潛能」迷惑

看見一個人的正面特質很好。但要在感情中睜開雙眼、避免選到錯誤對象，就要試著看到對方真實的一面，而不是你希望他有一天可能成為的樣子。我們很容易被某個人的潛能迷惑了雙眼，尤其共感人往往忍不住見到他人最好的一面，心裡想著：「我的愛能感化他們。」

然而，現實情形通常很不一樣。雖然你直覺感受到潛在另一半真正的潛能（比如對方渴望擁有一段親密關係），你無法強迫他做出承諾。不要執著於這個人給你多特殊的感覺，不要騙自己，「有一天，他會改變。」對方需要具備情緒覺察的能力，還要願意自省，才有可能做到維持關係需要的內在對話。別再抓著幻想不放。你有可能為了讓某個人洗心革面，浪費多年時光，在過程中受到傷害。

────────── **今日的自我喊話** ──────────

我不會被某個人的「潛能」愚弄。我不會一直希望某個人會改變，也不會沉溺在對方能變成某個樣子的幻想之中。

安心地敞開心扉

掏心挖肺有可能讓自己受傷。你怎麼知道何時可以安心說出心底的話？

首先，觀察這個人如何對待他人。他是否善待所有的人？他是如何對待親友？對陌生人、小孩或老人是否有禮貌？店員「動作太慢」，會讓他不耐煩地破口大罵？一個人如何對待別人，等你們相處的蜜月期結束後，對方就會那樣對待你。聽其言，不如觀其行。

我的敏感患者經常犯的錯誤，就是太快投入感情。你可能和他們一樣，被某個人吸引之後，也被荷爾蒙帶來的快樂沖昏頭，過早和對方分享自己私密的面向。慢慢來比較好，尤其是你從前遭受背叛的話。

花時間寫日記，找出為什麼你在某個人身旁感到安心。我有一位病患記錄她最近的約會對象：「他會聽我說話，性格可靠。他喜歡我纖細的性格，不會害怕我的感情。」你可以用同樣的方式定義你的標準，協助自己判斷可以多快敞開心扉，或者是否該這麼做。一段關係應該是個夠安全的容器，才能裝進你的愛。

────────── **今日的自我喊話** ──────────

我將與能夠回應我的愛的人展開一段正面關係。我會和有能力去愛與被愛的人在一起。

承諾的神聖性

人類最神聖的行為，就是投身於愛的力量。情人節是這麼做的好日子。不論你是否處於一段親密關係之中，這裡談的是定義最廣的愛，包括愛情與其他各種類型的愛。我建議你以那樣的精神，在心中發誓做到下面幾件事（你可以修改這張清單，好納入你所有的愛）：

- 我會依據愛來生活，而不是恐懼。
- 我會愛自己。
- 我會投身靈性的成長，尊敬神性。
- 我會努力愛另一半。
- 我會愛我的孩子。
- 我會愛我的人類朋友。
- 我會愛我的動物朋友。
- 我會愛地球與所有的生物。

--------- **今日的自我喊話** ---------

我不會害怕把自己奉獻給我愛的人事物，我讓我的愛自由流動。我想真正活在人生的每一刻。

「三分鐘心的冥想」

若要克服壓力與感官超載,與愛連結,我會推薦做這個以「心」為主軸的冥想法。先從每天一次開始,逐漸增加頻率。我在一天之中,以及看下一個病患之前,會藉由這個「心的冥想」穩定自己。一旦感到情緒或身體不舒服,就做這個冥想,紓解不舒服的感覺:

閉上眼睛,做幾次深呼吸,放鬆,把手擺在心輪上,也就是胸口。專心想著讓你開心的畫面,如落日、雛菊、海洋、海豚,開始感受到心中湧現溫暖、寬大與慈悲。讓那種感覺流遍全身,撫慰你,帶走所有的不舒服。當有毒的能量離開你的身體,你也被愛淨化。

―――――― **今日的自我喊話** ――――――

我每天都會練習這個「三分鐘心的冥想」,安定自己,釋放壓力,培養慈悲心。這是實用的自我照顧法,一天之中可以運用許多次。

界限與親密關係

設定界限是指在你和他人之間畫一條線，譬如你可以告知對方：「我需要這個」、「我沒辦法去那裡」或「請不要那樣做」。你可能會感到無權替自己挺身而出，或許在你家裡這麼做並不安全，但設定界限是維持健康關係不可或缺的技巧。

界限會保護你，給你安全感。少了界限，你會開始痛恨另一半惹到你的行為，或是因為對朋友太好而感到疲憊。把壓力藏在心中，會引發身體症狀、憂鬱和焦慮。

設下界限對你的健康和關係都有好處，但這需要練習。拿出和善的態度，避免用太衝的口吻說：「如果你能幫我洗碗，那就太好了。」想一想你還想設下哪些界限，記得要明確。你希望另一半多挪一點時間陪你，不要整天打電腦？你歡迎家人來住兩天，但不要整個星期都待在你家？一次設一個界限就好，避免一次處理太多個。把話說出來，將帶來更誠實、更快樂的關係。

────── **今日的自我喊話** ──────

我今天會練習設定一條界限。從簡單的主題做起，不要一開始就挑威力強大的情緒未爆彈。此外，先從支持我的人開始練習，避免一下子槓上父親或老闆。

窒息 vs. 被丟下

你是否經常在親密關係中感到窒息？接著，在其他時候又感到被遺忘？這一刻，你希望另一半多給你一點空間，但要是他們不在的時間太長，你又感到焦慮。在這兩種感受之間擺盪是共感人常見的煩惱。

大部分的父母都不曉得要如何尊重我們的界限或個人空間，因此在一定程度上，你八成感到被過度刺激，甚至感到窒息。另一種可能是你太常被拋下，結果你感到被遺棄。這些早期經歷會影響你如今的關係。舉例來說，我的母親很愛我，但凡事都要插手，所以我成年後，對於有人闖入我的個人空間很敏感，比如有人沒敲門就進入診療室。我的伴侶瞭解這一點之後，更能回應我的需求。

回想一下過去發生的事，誠實評估自己如何看待這些問題，以和善的方式與另一半討論。不要指摘另一半。告訴他們：「這是我的問題，你可以幫我。」說出「我」怎樣怎樣，比如「當我得不到足夠的獨處時間，會感到窒息」，或是「你忘記打電話的時候，我會焦慮」。接下來，你們就能找到適當的相處模式。

───────── **今日的自我喊話** ─────────

我知道感到窒息和被拋棄之間的界限很難抓。我會說出個人的空間需求，以及多少互動會讓我感到自在。這麼做將協助我擁有更親密的關係。

性欲與愛的不同之處

我是精神科醫師，我見過性魅力是如何讓人失去判斷力，拋開直覺。讓自己謹慎做決定、不感到痛苦的方法，就是學著區分性欲與愛。

性欲是原始的生殖衝動。研究顯示欲火焚身很接近吸毒的大腦。從 MRI 磁振造影可以看出，成癮者注射古柯鹼時，大腦亮起的區域和感受到性欲的人一樣。此外，在關係的早期階段，除了性荷爾蒙高漲，理想化與投射等心理作用又會推波助瀾。你見到你希望見到的樣子，沒有看見真正的對方。

相較之下，愛也可能包含肉體上的吸引力，但你也會想要認識對方。這樣的親密感將愈來愈深，性愛變得更令人享受。你們聆聽彼此的感受，瞭解彼此看重的事。愛是真心關心某個人，進而結為好友，不光只是生理上覺得 high 而已。

開始一段關係時，隨著愛在萌芽，你也會感受到性欲。然而，持久的愛不會建立在理想化或投射上。真正的愛需要靠時間來證明，你必須活出愛。

───────── **今日的自我喊話** ─────────

我將區分性欲和愛，以保護我的敏感天性，對潛在另一半的期待也保持實際。我永遠會問自己，我那顆柔軟的心在浪漫情境中是否感到安全。

沒有隨便上床這種事

觸摸一個人會出現能量交流。即便你對某個性伴侶只投入有限的感情，你們之間依然會出現部分的交融，而這會影響你的情緒和身體健康。

以女性來講，母親照顧新生兒時，體內會湧出有情感連結作用的催產素。做愛也會，因此女性通常會依戀伴侶（市面上，有藥品公司把催產素當成催情香水「增信液」（Liquid Trust）來行銷）。由於多數男性不會出現同樣的催產素反應，這種依戀有可能不是互相的。我有許多女性患者太快與人發生親密關係，因此感到受傷與失望。

共感人對能量太過敏感，做不到只是上床。你會把伴侶的壓力、恐懼與快樂吸進體內，也有可能直覺接收到對方的想法與感受。性永遠是一種能量交換。許多非口頭的訊息都來自肢體接觸。

今日的自我喊話

我謹記親密接觸會傳送強大的能量，在親密關係上謹慎小心。

分開睡或一起睡

　　一般伴侶會同睡一張床，但有的共感人永遠無法習慣這一種共眠方式。你有可能睡眠很淺，只要另一半打鼾或翻身就被吵醒，或是為了趁另一半或孩子睡著後享受一點安靜時光，弄到很晚才睡。不論伴侶有多棒，為了一夜好眠，你可能想要分床睡。

　　我喜歡自己睡，能量才不會受到干擾。我很容易做夢，每天早上還會記得夢境內容，所以醒來後需要一段安靜的時間，把夢境記下來。然而，我也喜歡和伴侶同床，互相依偎能帶來親密感。我們最後講好一週只有幾天共眠，不過其他時候，我們增加窩在一起的時間。

　　想一想你的選項。你是否偏好特大號床墊？或是不會被動作干擾的材質如記憶泡棉？你是否選擇分房睡？戴耳塞有沒有辦法隔絕外界的聲音？要不要考慮把兩張同款式的單人床併在一起？用和善、坦白的態度，和另一半討論你偏好的睡眠方式，找出適合兩人的解決之道。

────── **今日的自我喊話** ──────

　　我會安排讓自己舒服的睡眠方式。如果有聲音或動作干擾我睡覺，我不會默默忍受。我會誠實地和另一半討論這件事。

紓解另一半的壓力

你的另一半總有壓力大或心情不好的時候，有可能是升職落空，或是財務出狀況，甚至大塞車也會讓他抓狂。你可能吸進對方的壓力，同樣感到沮喪或空虛。如果你也累了，各自的不舒服會讓彼此的情緒雪上加霜。

碰上這種狀況，你要訓練自己察覺發生了什麼事。不要恐慌，只需留意，「我愛的人壓力很大，我需要穩住自己。」畫出界限，告訴自己：「這是他的情緒，不是我的。」你樂於助人的那一面想要跳出來解決問題（不論對方是否請你幫忙），但你要克制。這種衝動會讓你過勞，吸乾你的精力，而且大概不會有人感謝你，你甚至幫不上忙。在聆聽另一半說話前，先練習觀想：

進入一個私人的空間，一個你能獨處的地方，就算只是車子裡也可以。緩緩地吸氣、吐氣，鎮定下來。在每一次呼吸之中，感受到壓力消散，想像壓力漂浮在空中。你也可以想像一層白光罩住身體，驅散壓力和負能量。接下來，你就能以更正面的心情、在感覺受到保護與真心支持的狀態，再次進入剛才的棘手情境。

─────── **今日的自我喊話** ───────

我會計畫好如何處理另一半的壓力，也會準備好安定自己，提供對方充滿愛的空間，但我不會把解決對方的問題，當成自己的責任。

停止控制別人

試圖控制別人很痛苦，也很累人。

放手會讓人鬆一口氣，尤其如果你通常扮演照顧者的角色，或者過度付出。老實講，你唯一能控制的人就是你自己。你試著控制別人怎麼做的那一刻，不論他們是否照做，你都已經踏進「管閒事」的領域。是什麼造成我們過度掌控？恐懼、焦慮與自負。舉例來說，你是否感到除非你親自做某件事，要不然事情不會做對？或是不掌控某個家庭成員的決定，他們便做不成某件事？

放棄掌控的方法是分開掌控與愛。你可以繼續關懷某個人，但允許他依照自己的步調去生活或學習，包括犯錯。不要嘮叨，不要同樣的話一講再講，不提供不請自來的建議。你可以提起你關心某件事，但一次就好。除非是生死交關，不然不要插手，不要控制你愛的人。

─────── **今日的自我喊話** ───────

我會讓其他人自己過生活。當我化身為控制狂，我會處理自己的焦慮，放手，然後把結果交給上天。

靈魂伴侶或獄友？

靈魂伴侶是命中注定的關係，你能感到和對方有強烈的連結。你們相遇時，你心中有個東西甦醒過來，想支持彼此的靈魂，你們是可以讓彼此安心降落的地方。兩個人一起走，將比獨自一人走得更遠。

即便如此，你們不會因為是靈魂伴侶就萬事太平，永遠不起衝突。你們會反射出彼此光明與黑暗的一面。從這個角度看你們的結合，將協助你們進一步打開心。

不過，假使雙方不是都下定決心要成長，靈魂伴侶有可能變成你的獄友。一旦蜜月期結束，突然間，你開始看這個理想對象不順眼，處處是缺點！你的恐懼、焦慮與其他未解決的情緒地雷開始湧現。試著把這些地雷當成靈性成長的機會。你的靈魂伴侶不是你的救星，也不是治療師，而是你可以愛與學習的對象。雙方都踏上靈性成長之路，你們的關係將是通往親密奧祕的入口。

── **今日的自我喊話** ──

我會對靈魂伴侶抱持實際的期待，不把他們當成救世主。我會替自己的成長負起責任。我想要治癒心中所有阻止我去愛的東西。

與尚未解決的問題共存

　　所有的關係都一樣，有些事需要時間來解決。完美的解決辦法可能不是一朝一夕之事，得慢慢來才行。此時，要試著接受還沒有答案的狀態。我有的病患太過努力，在時機尚未成熟時，就想解決和另一半、朋友或其他關係的「問題」，結果引發更多焦慮、困擾與爭執。

　　有時最明智的作法是靜觀其變，等候解答自行出現，不要為了讓自己不焦慮，強迫非要怎麼樣。雙方說好冷靜一下。創造更多呼吸的空間，時機未到不急著解決。培養耐心。冥想的時候，聆聽自己的直覺，想辦法發揮創意，克服這次的難題。

————　今日的自我喊話　————

　　如果和某個人溝通不良，我會暫停一下，避免緊抓不放。我相信我的直覺，宇宙會協助我們找到答案。

與非共感人溝通

發現自己是共感人有如天啟，很多事一下子都說得通了，但你和其他人需要一點時間來適應這項新資訊。

其他人的神經系統和我們共感人不一樣，他們看待人生的方式也不一樣。他們不會吸收別人的壓力，也不像我們這麼敏感，天生就容易感官過載，但不是非要同類才能相處。只要能尊重彼此不同之處，也能創造美好的關係。

要有耐心，溫和地讓親友和其他人明白什麼是共感人，該如何尊重你的需求，包括你需要獨處或安靜。你可以推薦他們閱讀相關的書籍或文章，因為許多人從沒聽過共感人！如果他們認為這個概念是「胡說八道」，改用「敏感人士」一詞會比較好理解。依然有人永遠不懂，明智的作法是離這種人遠一點。不過，還是有很多人會很開心你願意分享自己的這一面，你們將不只是泛泛之交，可以培養更深厚的關係。

--------- 今日的自我喊話 ---------

我會讓較親近的親友明白，我因為是共感人而碰上的遭遇。我會有耐心，不要一次拋出太多資訊。我會一一回答他們的問題，讓他們用自己的步調去理解我分享的事。

在關係中放輕鬆一點

共感人很容易在關係中太用力，付出多過回收。你希望每個人都好好的，你想要滿足每個人，讓他們快樂，付出很多時間解決他們的問題，做不到就很焦慮。然而，這麼做的問題在於你太過認真，替關係和自己都帶來壓力。

你不必這麼努力。放心，你不會孤立無援，因為神靈與你同在。如果光是好意還無法解決問題，或是超出你的能力範圍，上天會帶來靈感。

當你注意到自己對人生過度認真，為一些小事煩心，那就深呼吸，告訴自己：「在關係之中不要過度用力。我不想要讓事事成為壓力鍋。我不讓我的焦慮破壞平靜的關係。」接下來，靜觀其變，水到渠成。

—————— **今日的自我喊話** ——————

我不必在關係中用力過猛，也不必過度認真。我會多多深呼吸，請求上蒼給予協助。

做人不必完美

　　靈性發展的目標是培養愛心與智慧，養成開闊的胸襟，讓自己更加醒覺。你的目標不是變得完美。傳統的日本美學「侘寂」認為，不對稱、粗糙與裂痕等不完美之處，也是一種美，那是萬事萬物的本質。

　　戒酒十二步驟計畫呼籲大家「追求進步，不追求完美」。我贊同這樣的觀點。不要一直想著不能有缺點。完美很無聊，也不可能做到。你的不完美讓你有趣，因此你要追求卓越，努力當最好的人，但不必追求完美。

　　人類不完美、一團亂，但又令人驚奇。自我照顧的方法之一，便是重新詮釋家人、朋友、社會告訴你的話。他們說，你必須擁有完美的身材、完美的伴侶或完美的工作，但是你就是你，做自己就很好了；只不過隨著覺醒程度提高，你也會持續演變。努力在人生中的所有領域尋找愛。直覺會引領你找到適合你的人事物，請聽從直覺。

―――――――― **今日的自我喊話** ――――――――

　　我不斷成長，讚美自己有進步，不被完美的幻覺愚弄。我接受全部的自己，我知道我會愈變愈好。

遊走於社交場合

　　社交可以帶來樂趣，但你要知道自己的極限在哪裡。如果你和我一樣是內向型的共感人，可能應付不了過度的社交活動，不喜歡閒聊。吵雜的餐廳或熱鬧的派對，對我敏感的身體可能太過刺激。此外，即使累了想回家，你有可能出於禮貌在聚會上待太久。相較之下，外向的共感人可從社交和聊天中獲得活力，但事後他們也需要一些安靜的時間來減壓。

　　如果有一套應對社交場合的作法，好好照顧自己，就會輕鬆多了。舉例來說，你可以問自己：「我理想的社交時間是多久？」我一般能持續三小時，但如果累了，就會提前離開。你是否喜歡小型聚會，不喜歡一堆人？你喜歡和大家一起出發參加活動，還是自行開車，或是搭乘 Uber 跟計程車？如果另一半或朋友想待久一點，你可以安排自己回家的交通工具，不至於被困在聚會上。釐清自己的需求，你會更知道如何照顧自己，更自在地待在這個世界上。

─────── **今日的自我喊話** ───────

　　為了減輕社交場合帶來的壓力，我明白我的共感人需求，而且想辦法滿足，不讓自己困在不舒服的情境裡。

平衡個人與社交需求

你可能很難抓到平衡，有時需要獨處，有時需要與人來往。學著同時滿足這兩種需求，可以讓你活得更好。

我有很多敏感病患的作法很極端，你有可能和他們一樣，要不躲起來、感到孤單，要不就是和太多人接觸，把自己弄得精疲力竭。每一天靠直覺確認一下，有的事很容易就可推掉，不要被那些事困住。不要被行事曆綁架。

一定要安排足夠的獨處時間與有品質的社交時間。獨處與社交能以不同的方式滋養你。如果你想和朋友散步，不想逛商場，就要照顧那樣的需求。如果你今天想和寵物窩在家裡，也不要忽視這樣的需求。永遠聽從直覺，直覺會告訴你哪些互動會讓你有活力、身心舒暢。

─────── **今日的自我喊話** ───────

我會小心平衡獨處與社交時間，有機會就調整行事曆，配合自己的精力與共感人需求。

───────

＊四年才有一次今天。

留意你的元氣值

　　你想不想要神清氣爽地醒來，一整天活力十足？精力對你的健康來說很重要，隨時用直覺留意身體的感受。早上問自己：「我的活力是低、中或高？」在一天之中也持續找出：「我哪些時候精神好？哪些時候精神不好？」

　　你在日照較短的冬天，有可能感到比較懶散，但現在白天開始延長，你的活力會增加。留意你的活力是如何跟著日照起伏，有必要的話，多做一點自我照顧練習。

　　我們的主要活力源頭，包含了飲食、運動、休息、關係、冥想與大自然。在日記中記錄你的狀況。你是否在每一個領域都獲得最多的能量？不是的話，你想特別改善哪一塊？吃更天然的食物？減少和讓你感到疲憊的人互動？更規律地冥想？累了就休息？種植花花草草？以這樣的方式關注自己的活力，可以提升你的生活品質，協助你呵護自己的敏感天性。

────── **今日的自我喊話** ──────

　　我將訓練自己留意元氣值，聆聽直覺告訴我，哪些活動、哪些人會榨乾我的精力，哪些則令我活力旺盛。

管理你的情緒地雷

　　情緒地雷是指某個人做的事、講的話，刺激到我們內在超級敏感的地方。我們被刺中時，有可能變得冷漠，或是感到受傷、憤怒，張牙舞爪，事後後悔不已。你的反應會那麼激烈，是因為痛苦的感受浮現出來，讓你想要對抗。

　　你的情緒地雷是必須治療的傷口。我們都有情緒地雷。找出來之後，溫柔地對待自己。回想讓你爆炸的五大地雷。如果有人對你說：「你就是太敏感了！」、「親愛的，你有點胖了」、「你這麼老，誰會要你」，就把這些話當成治療自己不安的機會。自認不完美、對身體形象的疑慮，或是懷疑自己不夠好、找不到另一半，這些想法都需要加倍疼惜。

　　治療地雷會讓你海闊天空，別人的閒言閒語不再令你難受，心力交瘁。那些話依然很惹人厭，但不會再對你造成傷害。

─────── **今日的自我喊話** ───────

　　我會找出我的情緒地雷，承諾用愛來治癒。我被刺激時，會稍作暫停，避免衝動行事。

我的過去不會控制我

　　許多敏感人士小時候過得很辛苦，不僅早年有過創傷，跟周遭的人關係也不好。成長過程中被家人「無視」，有可能打擊自信心。或許，不曾有人替你站出來說話：「我們應該疼惜這個敏感的孩子。」此外，習慣感到只有自己一人、沒人支持，有可能影響到成年後的關係，挑到不理想的另一半而不自知，譬如愛上自戀狂，對方無法給予無條件的愛，也不尊重你的敏感性格。

　　不論過去發生什麼，現在是你發光發熱的時候。每一天都帶來新的機會。記得尋找正面的人事物，創造美好人生，讓自己各方面都獲得支持。這種事永遠不嫌遲。

今日的自我喊話

　　負面的往事又冒出來時，我會告訴自己：「我的過去不會控制我，我現在有能力了。我有權利快樂。」

全新的可能性

詩人惠特曼（Walt Whitman）寫道：「我有容乃大，包羅萬象。」這句話對我來講意義重大，尤其是被恐懼擊敗、縮回「小我」的時候能提醒我，我們所有人都可以超越自身的恐懼，找回心中無窮的永恆力量。

每天早上當你睜開雙眼，這是全新的一天。你下定決心要改變自己，克服恐懼，創造能滋養自我的生活。你永遠不會忘記這個承諾。

隨著春天來臨，如果你仔細聆聽，便能直覺感受到大地萬物的復甦。儘管冬日的蟄伏仍在，迎接大自然與你內心的第一波新生命，著實教人興奮。不論你現在幾歲、健康與工作情形如何、處於什麼樣的關係，各種新的可能性即將到來。這是樂觀的好時機，你要願意讓宇宙在你面前神奇地展開。

———— **今日的自我喊話** ————

每一天都代表新的希望。我向所有的機會敞開心門，讓自己的人生出現意想不到的正向改變。

用寶石安神

當你感到心神不寧或精神超載，可以實驗一下，握著各種寶石來安神。寶石自古被視為具有療癒的特性，可以協助你感到健康、活力和護佑。我有許多共感人病患能夠感受到寶石的正面功效。你也可以把寶石納入穩住精神的自我照顧法。

如果想找出自己是否對特定寶石有感應，最好的方法就是握在手中或戴在身上，看看感受如何。水晶是好東西，每一種都具備強大的特質，例如，紫水晶的功能是保護與安神。有的治療師會推薦睡覺時，在枕頭下放紫水晶，減少失眠問題。有的寶石可以避開負能量，包括黑碧璽或粉紅碧璽、黑曜石等。我本人喜歡戴玉觀音項鍊，因為觀音大慈大悲，救苦救難。還有一種東西叫「忘憂石」，也就是將寶石磨出拇指大小的光滑凹槽，可以用大拇指輕輕摩擦，紓解焦慮。

嘗試各種寶石並挑出自己有感應的，相當有趣。許多靈性書店與礦石店都有販售。

—————— 今日的自我喊話 ——————

當我壓力大或身旁的人負能量很強，我會握著寶石，穩住並保護自己。

用愛烹飪

　　食物是活力的來源，如果能加入愛心又更好了。這就是為什麼用愛煮出來的食物，比沒有用愛烹煮，更能撫慰人心。備餐時，記得用愛祝福食物。這麼做可以注入正能量，非常不同於沮喪、甚至憤怒的餐廳服務生，把盤子重重摔在你面前。這種有毒的情緒會汙染食物。當你替自己或你愛的人準備餐點，可以憑直覺選擇完美的香料與食材。你用心做的決定，將透過食物傳達出來。開動前記得禱告，表達敬意與謝意，感謝神靈及大地提供你賴以維生的營養，讓你維持健康。

────── **今日的自我喊話** ──────

　　我會用愛用心準備餐點。如果在餐廳吃飯或是吃別人調理的食物，開動前我會先禱告，用愛祝福食物。

健康的飲食

食物是一種藥。想一想，吃高能量的健康食物，避開耗損能量的食物，身體會多有活力。高能量食物的特徵是新鮮、有機、非基改、無加工、沒有防腐劑與抗生素。自己種的食物與在地產品包含最多的活力，可以改善健康與頭腦清晰度。

敏感的身體對我們放進去的任何東西都非常有反應，包括食物。你要用正確的營養來穩定生理與情緒，尤其要注意自己對醣類的反應。精製過的白糖會引發情緒與能量起伏，足以累壞身體。如果很想吃甜食，可可是比較好的天然替代品。

仔細回顧今天吃了什麼，評估哪些食物帶來持久的精力，哪些則引發腦霧、反應遲鈍，或讓精神時好時壞。你可能需要一次實驗一種食物。這項實用資訊，將協助你做最適合自己身體的飲食決定。

今日的自我喊話

我將留意不同的食物如何影響我的身體。我會選擇健康、平衡、可帶來活力的食物。

脫掉「額外體重」這層盔甲

敏感人士感到情緒過載時，有可能無意間暴飲暴食。你成為一塊海綿，把每個人的壓力吸進體內。瘦弱的身材缺乏隔絕，更容易吸收他人的情緒。二十世紀初的信仰療癒師，他們的特徵是身材肥胖，藉此避免吸進患者的症狀。許多現代的共感人也經常無意間落入這類陷阱。

想一想你是否利用暴飲暴食來保護自己，我有一些患者就是靠增重來對抗家裡或工作上的壓力。如果你懂那種感受，你感到飢餓的起因很可能是能量。如果不想靠多吃或吃錯食物紓壓，可以嘗試一個方法：把打坐的蒲團放在冰箱附近，在你朝冰箱門伸手之前，提醒自己集中心神，放鬆下來。你可以運用這個小技巧，以及本書提到的其他保護策略，安定心神，加強自我照護。

—————— **今日的自我喊話** ——————

我不會利用額外的體重當作盔甲，我會改用冥想與觀想來安定並保護自己。

克服想吃的欲望

當你想要暴飲暴食，記得深呼吸，穩住自己，接著做以下的冥想練習：

我會輕柔地讓所有想吃的念頭，像雲朵一樣漂浮在空中。不論那樣的念頭有多強烈，我不會抓著不放。我持續回到我的呼吸，專注於緩緩的吸氣與吐氣。我會請求神靈帶走我的渴望。我發現那些念頭消散後，在心中默念：「我很安全，毫髮無傷，也受到保護。」我將專注於心中這股愛的能量，讓它流遍全身。沒有任何事能傷害到我。只有愛最重要。我的身體很穩定，與大地連結，充滿上蒼無限的慈愛。

──────── **今日的自我喊話** ────────

我會把想吃的欲望，當成需要穩住自己的訊號。我不必真的跑去吃東西。我可以把欲望釋放到愛的無盡宇宙源頭。

自我安撫

自我安撫（self-soothing）是指在痛苦的情境中或被挑起情緒時，有辦法讓自己鎮定下來。你可能跟我很多的共感人患者一樣，沒聽過自我安撫，壓力襲來時，無法抵禦壓力或安慰自己。

幸運的話，我們早在嬰幼兒時期就有被安撫的經驗。理想上，你不舒服的時候，父母會抱著你，輕輕搖晃，釋放催產素，也就是「擁抱荷爾蒙」，讓你感到安心。父母接著會向你保證：「親愛的，別擔心，一切都會沒事。」你從父母身上學到如何自我安撫，開始用在自己身上。少了這樣的安慰，這個世界感覺很不安全，你不會期待一切順利，而是想像最糟的場景。

不過，你現在長大了，可以學習自我安撫的工具，扮演自己慈愛的父母。有煩惱時便告訴自己：「一切都會沒事的。我們可以一同度過這關。」一邊這樣想，一邊用手蓋住心窩，啟動無條件的愛，帶來最大的安撫。

———————— 今日的自我喊話 ————————

每一天，我會練習自我安撫的技巧，釋放壓力。我會持續向自己保證一切會平安度過，並且體諒自己。

喝水是一種禮物

水充滿生命力，是大地的餽贈，也是健康與水合作用的基本要素，可以沖走體內的毒素與負能量。如果你感到過載或壓力大，立刻喝一杯水或在臉上潑水，接著洗洗手。

你需要的水超乎想像。許多人都快脫水了，才想到要喝水，其實最好在感到口渴之前就喝。你一天需要六杯以上的水，一杯八盎司（約二百三十六毫升）。不要用咖啡或汽水代替。瓶裝水與過濾水最理想，但玻璃容器比塑膠容器好。塑膠會釋放化學物質到水裡。

水能夠治療並且排毒。人體有三分之二都是水，在細胞裡會引發神聖的共鳴。詩人魯米（Rumi）寫道：「我們都知道純淨之水的滋味。」

———————— **今日的自我喊話** ————————

我感激水。每喝一杯水，我都會向大地致謝，感謝水在我的人生與星球上，扮演著療癒的角色。

害怕說出心聲

　　你是否禮貌過頭，害怕得罪人？你是否硬撐著累人的對話，因為你認為自己要是走開了，對方會難過？你是否把別人的需求置於自己的需求之上？敏感人士通常會為了討好他人，壓下自己想說的話。留意你是否也是這樣。

　　說出心裡的話，可以讓你開始治療自尊心低落的問題，或是被拒絕的恐懼。此外，也能打開喉輪，也就是負責溝通的能量中心。你可以用彬彬有禮的方式說出心聲，不需要用上尖銳的語氣，也不必發脾氣。就算這種新的行為令你感到不自在，只要模擬情境，試試看就對了。先從生活中相對和善的人練習起。讓自己被聽到，免於情緒被踐踏或犧牲自己。

今日的自我喊話

　　如果我害怕站出來說話，我會練習表達我的想法與需求。這能為我帶來力量，幫助我的能量自由流動。

只講三分鐘 的電話

　　有的人一打電話，就講上好幾個小時，滔滔不絕地述說自己的問題。你想當個好友，但是講這麼久讓你很疲憊。如果朋友碰上危機，你當然想給予支持。然而，如果對方扮演起受害者，拿出「自憐」的態度，講話鬼打牆，此時應該設限才健康。

　　「只講三分鐘的電話」是實用的解決方法。先聽一下子，讓對方知道你很關心，接著鎮定、但堅定地表示，除非他想討論事情該如何解決，不然你只能聽他講幾分鐘。你甚至可以建議對方尋求治療，讓專業人士協助釐清問題。限制講話時間是以和善的方式，拒絕助長不具生產力的行為，但同時你也答應朋友，什麼時候準備好要解決問題，你會從旁協助。

────────── **今日的自我喊話** ──────────

　　我不必聽親友或同事說個沒完，沉溺在自憐的心態裡。我可以溫和地設定對話時間。

打破拯救模式

　　敏感人士會想幫助掙扎或受苦的人，包括陌生人。你可能很難置身事外，不去解救別人。碰上這種狀況，需要瞭解「有同理心」與「身為共感人」的區別。同理心是指你的心同情另一個人，共感人則會出手帶走別人的痛苦。發揮健康的同理心，才能幫助你穩住自己。

　　你自然會想盡力協助你愛的人，但有時必須讓別人自己努力。看到關心的人掙扎不已，自然會感到沮喪與痛苦。然而，陷入他們的沮喪，或是提供不請自來的建議，並不會幫到他們，只會讓你一起陷下去。為了維持長期的親密關係，有時必須忍住不插手。對方真的有解決問題的一天嗎？你必須忍受這樣的不確定性。永遠保持正向的念頭，替他們祈禱，但也要給他們空間。此外，我發覺在心中默念「這不是我的責任」，也非常有用。反覆告訴自己這句話，你將不再感到需要拯救別人。

———————— **今日的自我喊話** ————————

　　拯救別人、解決他們的問題，不是我的份內之事。我將學習在健康的同理心與置身事外之間，找到平衡。

我是唯一這麼覺得的人

我從很小的時候，就經常聽到一句話：「你是唯一這麼覺得的人。」對所有的敏感人士來講，這是一句令人抓狂的評論。當我拿不準主意，或是不信任自己的反應，會質疑自己：「如果別人都不這麼覺得，那我的感受一定不是真的。」在我成為成熟的共感人之後，才發現別人的反應跟我一不一樣，根本不重要。如果我感覺到了，那就是真的。

你也要重視自己的反應。如果你服藥後出現副作用，即使沒人通報過相同的問題，你的反應還是真實的。如果人人極力讚美某個人，你卻感到他是吸血鬼，你的反應也是真的。如果你覺得那份工作適合你，但父母或其他權威人士都不贊同，請相信你的直覺。如果是健康的批評，自然應該評估其中是否有幾分道理，但最終你必須相信自己。

─────── **今日的自我喊話** ───────

我看待人生的方式，或許有創意又很特別，但即便我是唯一感受到某件事的人，我的反應也貨真價實。我不會懷疑自己是否真的經歷過那些事。

適可而止

有時你無法再和某個人走下去，或是繼續執行某個計畫、忍受某種情況。你已經抵達暫時或永遠的死胡同，最好還是承認，再怎麼逼迫或好言相勸，都不會有用。你無法讓另一半想要說出自己的心情。你無法強迫超級自戀的朋友有同理心。你無法要一位已婚人士對你們的關係做出承諾。

中國古籍《易經》認為，有的限制是問題，有的則有必要。譬如在大自然，季節的長度有固定的限制，白晝的長短也一樣。《易經》告訴我們，今日的節儉為的是以備不時之需，因此，有的限制其實聰明又有益。此外，《易經》還提到，如果想達成某個目標、卻碰上阻礙，要知道何時該喊停。在蟄伏期養精蓄銳，日後即可伺機而動。

—————— 今日的自我喊話 ——————

我明白人生有限制是很自然的事。我將隨遇而安，不強求。

識人：相信你的直覺

　　直覺是一種非線性知識，來自「腸子的感受」（譯註：英文以「gut feelings」〔即腸子的感受〕代指直覺）、閃現與夢境，而非一板一眼的邏輯。研究顯示我們腸中有大腦，名稱是「腸神經系統」（enteric nervous system），有著類似於大腦中傳遞資訊的神經傳導物質。你的腸子是直覺智慧的中樞，別忘了聆聽這個中樞傳達、關於人與決策的智慧。

　　今日的任務是特別留意腸子傳達的訊息。挑一個同事、朋友或家人，專心想著那個人，留意腸子告訴你的事。當你靠近這個人，是感到放鬆、舒服、有活力？還是不安或緊繃？是否覺得心中一沉？把腸子告訴你的直覺訊息納入考量，能幫助你更準確地認識人，接著就能打造自己的社交圈，接近直覺讓你舒服的人。

─────────── **今日的自我喊話** ───────────

　　我會讓直覺引導我的生活。我相信我的直覺，不讓頭腦善於分析的那一面，凌駕直覺傳遞的資訊之上。

清理家族業力

共感人通常是家中舉著光的人。當你的敏感天賦與治癒能力覺醒，你便成為中選之人，負責打破家族世代間的失能或虐待模式。你需要培養信心與自尊，才能成為有力量的共感人。有人不尊重你的時候，學習設立界限。不支持你的敏感性格或高我（highest self）的家庭成員或其他人，你要向他們說不，打破不斷傳下去的負面模式。

佛教中的「業」是指行動與行為帶來的命運。種什麼因，得什麼果。你可能沒自請改變家族的業力，但世世代代中，只要一個勇敢的人站出來，就足以阻止家族重複有害的模式。這個重要決定對你的一生有莫大的好處，也會造福後代子孫。

―――――――― **今日的自我喊話** ――――――――

我將接受我的角色，破解代代相傳的不健康模式。我將成為我想見到的改變。我個人的成長將以正面的方式影響家族的後代。

出現新的光

今天是春天即將到來的前夕，感受一下在你心中與這個世界，新冒出來的光的力量。隨著新生的奇蹟出現，冬日遠去，更多的光將照亮天際。快速轉變期到來前的這段時間，令人感到興奮。你已經等了好久，也許盼望了不只整個冬天，等待整個人再度活躍起來。感受這樣的新生正在降臨，你即將褪去不再適合你的外殼。前美國桂冠詩人庫尼茲（Stanley Kunitz）九十歲的時候，談到他尚未停止轉變。不論幾歲，不論身處什麼情境，總能有正面的轉變。準備好迎接春天帶來的轉變，新的光即將普照大地，帶來令人屏息的體驗。

────────── **今日的自我喊話** ──────────

我將準備好迎接新生，帶著興奮的心情迎接春天。我會擁抱身心靈持續出現的轉變。

春天

重生、成長、復甦

　　春天是萬物復甦的季節，寒氣退去，黑暗消失，白日延長。大自然的世界從休眠與冬眠中醒過來，百花齊放，芬芳撲鼻，五彩繽紛，喜悅降臨。「風」這個元素象徵著春天，代表著輕盈與卸下負擔。

　　共感人也會在春天充滿朝氣。你感受到希望、純潔，以及大自然美景帶來的正能量。共感人喜愛花園、鳥鳴、陣雨過後的彩虹，以及新鮮的翠綠草地。春天是許多動物交配的季節，雨水注入，小溪高漲，生機蓬勃。

　　春天讓你重新開始，這個季節象徵改頭換面、第二次機會、創意點子、畢業與婚禮。你再次帶著熱情追尋夢想，抓住點燃創意火花的好機會。此外，你也可以養成新習慣，除舊布新，不陷

在昔日遇到的阻礙，再度凝望春日與未來光明的一面。

共感人會碰上的挑戰是這個季節動能太強，你被帶著走，失去平衡，一下子跳進新關係、新戀情、新計畫，有可能變得過度理想主義，或是許下過多的承諾，缺乏獨處時間將使你精疲力竭。

平衡是你的健康關鍵。大自然會在春分那一天展示最完美的平衡，晝夜等長。別忘了仿效春分的精神，不偏不倚，恰到好處。

欣欣向榮的共感人

　　春天這個時節正好適合種下快樂與希望的種子。大自然的世界正在甦醒，你的直覺也會跟著增強，記得要和直覺保持連結。空氣裡有一股新鮮的氣味，你的創意冒出頭來。想一想在這個季節，你準備培養敏感天賦的哪些面向。你的直覺？愛心？與大自然連結？更能接受親密關係？當我們把冬天往內的關注，轉換到春天百花齊放的力量，萬事皆有可能。

　　讓自己沉浸在這個美好的重生時刻，觀察景色的轉變。樹上是否冒出迷你花苞？花開了嗎？你能聽見鳥兒啾啾叫，雨點輕輕落下？你察覺到哪些氣味？享受一下感官的盛宴。此外，在冥想或靜靜回想的時刻，專注於日夜等長的春分點帶來的平衡感受：寧靜、穩定、靜止，但充滿張力。春分點的力量，預示著你心中與大地的春天即將來臨。

---------------- **今日的自我喊話** ----------------

　　我將留意春天的到來，感受這個季節的活力，一起重生，讓我的敏感天賦開花結果。

再次確立目標，點燃熱情

再次下定志向，讓夢想實現。放下所有的「應該」，改成「我有熱情的事物是……」你的熱情來自內心深處的直覺，能觸動你。靜靜坐著，探尋自我，直到找出熱情所在。擺脫腦中所有的雜音，包括父母喋喋不休的話語，不停訴說他們認為什麼才適合你。不要讓別人的意見動搖你。你的熱情必須來自你的心。

我認為我們活在世上的主要目標是開發我們的靈魂。其他每一件事都是為這個目標服務，包括工作、關係與財務。人生有高潮，有低潮。當你隨著情緒與改變的浪潮一路起起伏伏，但依然能忠於自己，你便達成那個最關鍵的目標，提升所有的選擇。人生最大的成就就是開發自心，然後用心的力量提升自己的生活與這個世界。

─────── **今日的自我喊話** ───────

我將聽從直覺，找到自己的目標。我會遵從內心深處相信的事，按照直覺的建議行事。

鳳凰展翅高飛

希臘神話中的鳳凰是一種五彩巨鳥，浴火後會重生，象徵力量、毅力與新生，即便舉目所及是一片灰燼。鳳凰的精神是戰勝黑暗，百折不撓，終有結果。

春天這個季節，將支持鳳凰在你的生活中高飛。我們都會走過改變的循環，現在這個時節正適合再次下定決心，再次努力。如果有任何聲音告訴你，這種重大的重生不可能，絕對不要聽。就算經過一番努力，仍無法達成有熱情的目標，春天將提供額外的能量，助你一臂之力。

鳳凰高飛的形態，有可能不同於你的想像。別忘了敞開心胸，接受各種變身的形式。關係或許會結束，但舊的不去，新的不來。你以為不可能拿到的工作，突然間又有了機會。如果先前感到疲憊或沮喪，現在體內突然流過一股新生的活力。持續留意有多少種新生的形態出現在你面前。

--- **今日的自我喊話** ---

我將抱持希望，不再想著過去遭遇的困難。即便先前經歷困境，我願意接受我的夢想以不同的新形式展開。

清理雜物

　　春天大掃除的傳統，可以讓你的家在冬季過後煥然一新。隨著氣溫回升，打開窗戶，讓新鮮空氣流通。掃地或打開吸塵器，清理檯面、櫥櫃、抽屜裡的雜物。你在整理的時候，自然會冒出各種情緒，包括焦慮失去或改變。讓這樣的情緒流過，不讓情緒阻攔你。

　　研究顯示，雜亂的環境會帶來壓力，讓人無法專心。如果你和我一樣，把檯面收拾乾淨，頭腦也會變得比較清楚。桌上的紙堆或房間四處散落的物品，令我感到煩躁。共感人比較適合簡單和極簡風。

　　亂七八糟的物品會阻礙氣的流動。除了檯面和櫥櫃，也順便清理冰箱，捐贈舊衣物，扔掉雜誌或報紙。你的錢包也需要整理一下，清掉舊收據、卡片或購物清單。此外，把窗戶洗得亮晶晶，能夠強化你的感官。在打掃的過程中，你的能量與精神會跟著輕盈並乾淨起來。

--------- **今日的自我喊話** ---------

　　我將處理生活中的雜物，用從容的步調移除。如此便可清理舊能量，讓新的可能性進入我的生活。

第二次機會

就算你碰過困難的時刻與狀況，結果不盡如人意，也沒必要放棄希望。春天帶來第二次機會。不論先前哪扇門關上了，或許現在又打開了。不論是你的人生再次獲得機會，或是你願意再給別人一次機會，請準備好迎接第二次機會帶來的奇蹟。

當你感到恩典有可能再次帶來前進的機會，那樣的好事真的有可能發生。恩典是神靈對你的人生發生作用，是一份好運的禮物。恩典不記仇。或許你在過去做錯事，或是無意間傷害到別人。如果確實發生過，想一想現在要如何修正。一定要彌補你傷害過的人，痛改前非，重新開始。

--------- **今日的自我喊話** ---------

我有權獲得第二次機會，也願意接受恩典協助我的力量。此外，如果直覺引導我這麼做，我也會給其他人第二次機會。

與正面的人相處令人開心

正面的人看見半滿而不是半空的玻璃杯。他們為人真誠，關懷他人，願意從錯誤中學習，而且全身散發著溫暖，輕鬆自在；有他們在，大家都開心。正面的人不虛情假意，也不會只在乎自己。他們擁有同理心與寬容心，願意接受真正的你。當然，沒有人是完人，無法二十四小時都充滿陽光，但正面的人會試著過樂觀向上的生活。

在今天，選擇至少和正面的人相處幾小時。有他們在，你會感到活力十足，笑聲不斷。避免和讓你不開心或吸乾精力的人互動。留意一下花時間和哪些人相處，能讓精神好起來。

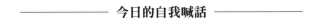

今日的自我喊話

我可以選擇自己的社交圈，找出生活中積極正面的人，去認識他們。我將感激能擁有如此珍貴的友誼。

每道碎浪

每有一道碎浪，世上就有新的靈感。

每有一道碎浪，就有新奇與重生。

古老的浪潮富有韻律。

海浪之聲讓我們與體內的水連結。

感受到引力時，我們的生理會回應。

當碎浪點燃了想像力，引發驚嘆的感受，我們的夢也會回應。

你的生命力不斷湧出。

春天是再次出發的機會。

讓每一道碎浪、每一個走過的生命循環，帶你更加深入走進自己的心與神祕的境界。

―――――― **今日的自我喊話** ――――――

我允許自己感到煥然一新，準備好在生活中迎接春天的重生。我的生命力將愈來愈強。我對自己的選擇與道路會有信心。

顏色的力量

　　顏色會散發不同的能量，影響心情與身體健康。留意自己自然而然會回應哪些顏色。哪些顏色令你感到鎮定？是綠色、藍色或紫色？哪些顏色會帶來元氣？你可能感到紅色、橘色或黃色能促進活力。你會偏好鮮豔的色彩或大地色？春天通常讓人聯想到明亮活潑的柔和色彩。剛萌芽的翠綠草地尤其吸引我，好像快樂的生命爭先恐後地冒出來！

　　找出和你的敏感天賦共鳴的顏色，穿插在居家擺設和穿著中，為你帶來好心情。瞭解自身對顏色的反應，就能平衡自己，創造令人心情愉悅的環境，進而提振你的共感人靈魂。

—————— 今日的自我喊話 ——————

　　我將留意不同顏色如何影響自己的心情與精神，把有共鳴的顏色放進家中與衣櫥。

與動物朋友溝通

動物能教我們無條件的愛，以各種方式治癒我們，紓解壓力。你有可能是動物共感人，感到和地球上的生物有著特殊的連結。你能與動物溝通，知道動物的需求。你想要保護動物，維護牠們的自然棲息地。

我非常喜愛我的狗兒派普。牠是我的靈魂伴侶，在情緒上支撐我讀完醫學院。我每三天要在精神科的夜間急診室待命，回到家往往精疲力竭，但派普能讓一切好轉。我會跟她講話，分享各種問題，她則會睡在我的床上。能有這樣一個忠誠的夥伴，對我是十足的撫慰。

許多敏感人士也熱愛動物。在今日與你的動物朋友共度時光，相互依偎，一起玩，分享彼此的愛。如果家中沒有動物，可以對街上或公園的動物微笑，也可以找鄰居家的動物玩。有的共感人有治療犬，出門時能減輕他們的焦慮。敏感人士與動物朋友互動，或是在自然環境中接近動物，都能受益良多。

—————— **今日的自我喊話** ——————

我會讓動物引發我的玩心。我會感受牠們無條件的愛，享受牠們的信任與陪伴。

體驗接地

　　環境衛生領域的一項突破性研究，揭曉健康被人忽視與意想不到的一面。新發現指出地球表面有大量的電子，而接觸那些電子可以改善睡眠，減少疼痛，增進整體的健康。你可以打赤腳走到戶外，體驗接地的好處，也可以坐著或睡在地上，讓地上的電子跑到你身上。

　　萬一感官過載、疲倦或想要提振精神，體驗一下接地的好處。脫下鞋子，走在草地或沙灘上，躺著也可以，感受自己與地表融為一體，釋放所有的有害情緒。你甚至可以帶著電腦到戶外，坐在地上工作。此外，幫自己整理出一個花園，就算只是簡單的窗台花箱也好。細心呵護花園，也能以美妙的方式感受接地的好處。

———————— **今日的自我喊話** ————————

　　我將打赤腳走在草地上，或是簡單把手擺在地上，吸收具療癒作用的電子。我將感受大地的能量，穩定身心。

接受夢境的指引

夢是一種強大的直覺形式，能協助引導你的生活。有一種高敏感人士是我所說的「夢境共感人」，他們通常會被夢吸引，在夢境中像是回到家一般。夢會跳過自我的檢查，因此你在夢中能完全接受直覺的引導。我一直覺得夢十分神聖。我每天早上做的第一件事，就是在日記中寫下夢境，看看其中的訊息能否應用在生活中。如果你也想記住自己的夢，方法如下：

在日誌中記錄你做過的夢。把日誌和筆擺在床邊。睡覺前，先問一個問題，例如，「我要怎麼找到適合自己的工作？」或是「我要如何和兒子解決意見分歧？」醒來時，在半夢半醒的狀態中靜靜待上幾分鐘，回想先前的夢境，記錄仍記得的資訊，從中尋找答案。

─────── **今日的自我喊話** ───────

接下來這個星期，我在進入夢鄉前會先問一個問題。早上醒來時，寫下還記得的任何事，就算是一句話也好。多加練習，便熟能生巧。

衝破一切

隨時念誦以下的「共感力宣言」，歌頌自己的新成長：

我準備好讓愛與喜悅迸發，

我即將以最意想不到的方式成長。

我強大聰明，

懂得趨吉避凶。

知道該如何穩住身心。

我向天地神靈，

也向宇宙中所有美好的慈悲力量敞開自己。

我打開我的心，

讓靈魂準備好接受前方的所有祝福。

過去所有曾經阻擋我的障礙，

我一一穿越。

我會讓春天喚醒我的力量，

放靈魂高飛。

────── **今日的自我喊話** ──────

我將允許自己拓展到內外生活的新面向，跨越過往的重重阻礙，在生命中更上一層樓，更加心滿意足。

你的道路很完美

你的人生是為了你個人的發展特別設計的。你遇到的每個人、每件事,都是為了協助你成長。

社會不斷要我們跟別人比。我們好奇誰最有錢?誰的社會地位最高?身材最好?朋友最多?我們的「小我」習慣比較。那個我被恐懼驅使,缺乏格局。如果想獲得廣闊的視野,就必須進一步覺醒。你要站在山頂看著自己,看著所有人,而不是站在平地上看。接著,就會看出「多」不一定比較好。

每個人不論在世上累積了什麼,全是在為某件事辛苦奮鬥。雖然有的人擔子沒你明顯,每個人都在盡自己最大的努力。

疼惜自己,也疼惜他人。記得感激特別為你打造的人生課題。你獨一無二。我認為你很好,我希望你也能覺得自己不錯。

────── **今日的自我喊話** ──────

我只在乎自己有沒有走對路,不拿自己的人生跟其他任何人比較。我將堅守自己的道路,盡最大的能力。我不會去盯著別人如何,我會愛自己,讓注意力回到自己身上。

停止擔心

英文的「擔心」（worry）源自古英文「wyrgan」，最初的意思是「窒息」，日後轉變成「引發焦慮」的意思。擔心是焦慮的一種。你擔心錢的事，擔心健康，擔心家庭，擔心找不找得到愛你的人。你還擔心，要是不擔心，人無遠慮，必有近憂──我從小在猶太家庭成長，很熟悉這種迷信的想法。有的擔心情有可原，比如孩子要動手術，父母自然會擔心。然而，擔心讓關心變成一種折磨。

長期擔心其實是試圖操控無法掌控之事。請試著念誦以下幾句話，放自己一馬，別再擔心了：

願我不再擔心。

不再有壓力。

活在當下。

不把恐懼投射到未來。

──────── **今日的自我喊話** ────────

我會請擔心帶來的折磨離開，用清楚的頭腦與信念面對逆境。我會盡當下的一切所能扭轉情境，也會請天地神靈協助。

當一扇敞開的窗

「風」這個元素可以協助你清理壓力，移除情緒毒素，以及其他能量汙染源。呼吸與各種強弱的風，不僅僅是分子的隨機運動，實際上也具備強大的淨化功能。

當你吸收到世上的壓力，或是碰上難應付的人，可以嘗試以下的觀想法，釋放你吸進的所有負能量。我本身經常使用這個方法。請一邊觀想，一邊緩緩呼吸，把壓力排出體外：

> 我的身體是一扇打開的大窗戶。
>
> 我能感受到輕柔的清新微風穿過每個細胞，
>
> 溫和地帶走壓力，
>
> 撫慰我，治癒我，
>
> 帶走所有滯留的氣、恐懼與有害的情緒。
>
> 我深呼吸，
>
> 讓自己被淨化，恢復健康。

今日的自我喊話

我會練習這個觀想法，讓自己海闊天空，讓溫和、流動的風淨化我的能量。我將利用呼吸來排解壓力。

走出舒適圈

敏感人士通常喜歡讓生活保持現狀，待在舒適圈裡。家中的家具、寢具、音量與氣味，也都安排得讓身體舒暢。你習慣固定的工作、運動或家庭活動，凡事可預測讓你感到安全。

儘管如此，有時來點變化是好事。舒適很好，但我也知道靈魂渴望更上一層樓。找到平衡點，對所有的敏感人士來講都很重要。問自己：「我如何能走出舒適圈，讓自己成長？」或許你需要找到讓你更有滿足感的工作，但必須冒著暫時失業的風險。或許你需要克服恐懼，加深與另一半的親密程度。你甚至需要到大自然安安靜靜待個幾天，弄清楚該如何做某個決定。挑一個你想探索的領域，迎接蛻變後意想不到的好處。

今日的自我喊話

我會找出自己希望在哪個領域走出舒適圈。我願意在冒險的過程中，感到些微不安。

設定生氣的限制

有人把怒氣發洩在你身上時，就像突然被澆了一身油漆。你不敢相信有人會侵犯你的領域。那樣的發洩發生在一瞬間，你沒能來得及保護自己。

你可以事先準備好一套策略，處理人們的怒氣，比如我嚴格規定身邊的人「不能大吼大叫」，我的身體受不了那樣的吵吵鬧鬧，很痛苦，體內會一下子湧出腎上腺素（「戰或逃」的荷爾蒙）。如果我愛的人對我發脾氣，我會要求在雙方都同意的時間討論問題，讓我先有心理準備，保護我敏感的身心。當我有所準備，而且雙方都有心處理問題，我會更能處理對方的情緒。

替憤怒設下界限。如果有人無法尊重這一點，你可以自行離開，或是請他們離開。如果對方是愛亂發脾氣的上司，這一點可能很難做到。即便如此，盡量優雅地離開現場，接著慎重考慮換工作。你理應得到尊重。

────── **今日的自我喊話** ──────

為了執行自我照顧，我會對發脾氣的人設下標準一致的限制，態度堅定，保護自己。如果現場的氣氛太差，我會暫時離開。

不要陪愛作戲的人一起演

整天活在連續劇裡,將暴露於過多的刺激,十分累人。你可能因為人太善良,被牽扯進去,過度涉入與你無關的事。你想拯救活在痛苦裡的人,害得自己又累又沮喪。

避免活在連續劇的第一步,就是辨識始作俑者。找出職場與家中的這種人,泛泛之交裡可能也有,如美髮師或店員。由於你天生樂於付出,有戲劇性人格的人很容易找上你。

反制戲精的辦法,就是永遠別詢問他們好不好,也不要認真看著他們的眼睛,那代表你感興趣。請用溫和、但堅定的語氣告訴對方:「很抱歉你發生了這種事。我會為你祈禱。」這種作法可以打消他們興風作浪的念頭。他們在你這沒戲唱,就會把目標放在別人身上。

―――――― **今日的自我喊話** ――――――

我會尋求真誠的人際關係,不助長小題大作。如果有人讓我感到疲憊,成天大驚小怪,我會避免把精力浪費在這種人身上。

與神靈共處的私人時光

一星期至少與「神靈」約會一次，主動瞭解你的直覺與更高層次的你。暫時從雜務、工作與每日的行程中脫身，只與神靈共處。與神靈連結的地點，可以是你的神聖空間或林間散步的時刻，也可以挑選教堂、猶太會堂或其他的禮拜場所。在那裡安靜冥想，邀請神靈現身：「我想感受祢，認識祢。我遵從祢的引導與照顧。」在寧靜的氣氛中，帶著敬意獲得神靈恩典的碰觸，感受傳至身上的慈愛。

弘大的宇宙中，善的力量正在起作用，遠遠超出理智能理解的範圍。你不孤單，神靈永遠與你同在，你可以與祂連結。

────────── **今日的自我喊話** ──────────

我會安排一段時間，什麼都不做，只與神靈共處，體驗體內與周遭的光與希望。這樣做可以恢復我的精神，再度回到鎮定的狀態。

應許之地，不假外求

快樂與寧靜的根源就在你心中。許多人在感到不滿足的時候，會向外尋求答案，追逐世間的權力，以感到自身的重要性，卻未能先連結內在的力量。內在才是更穩固的根基。不論擁有多少財富、性愛、權力或名聲，不代表就會因此快樂。快樂是由內而外的。佛陀有云：「不異依（沒有外在的庇護所）。」應許之地就在你的內心。這是非常好的消息，促使你挖掘內在世界。先從治癒自己、帶給自己力量做起，其他的自然會水到渠成。

──────── **今日的自我喊話** ────────

我將專心愛自己，培養與神靈的連結，不再等待某個人、事、物來改善現狀。我尋求外界的建議之前，會先在心中尋找答案。

克服逆境

當你下定決心，過著以愛為本而不是以恐懼為本的生活，就有克服逆境的基礎。人活著原本就會碰到逆境。學習優雅地面對，不垂頭喪氣，是自我照顧的基本技巧。

隨著我們走過春天這個逾越節與復活節的季節，記得冥想，解放自己，不再受制於情緒。有時我們必須失去，才能找到自己。我們都必須在自己的沙漠裡流浪，才能找到自我。你希望在哪方面獲得自由？遠離有害的關係？對身材感到羞恥？不願說出自己的需求？孤單？沮喪？焦慮？在尋找答案的過程中，溫和地對待自己，讓出於恐懼的想法消散。把生命中的每一道障礙，都當成上蒼在激勵你成長。

《道德經》記載著古代道家的智慧，上頭說道：

> 常善救物，
> 故無棄物，
> 是謂襲明。

—————— **今日的自我喊話** ——————

我會堅強與愛人。不論人生帶來什麼，我都會耐心溫和地處理。

116

練習〈荷歐波諾波諾祈禱文〉

如果你生某個人的氣，批評對方的某個行為，念一念下面這段夏威夷的原諒禱文，找出你批評別人某項特質背後真正的原因，治癒你心中的傷口，不再批評自己、批評他人。這篇祈禱文的出發點是謙遜，而不是自大。有一說是，當你用一根手指頭指著別人，卻有三根指頭慈愛地指向自己。

背誦這段祈禱文，不再批評他人或自己：

對不起。請原諒我。我愛你。謝謝你。

應用這段祈禱文的方法如下：假如朋友愛管閒事，讓你感到不耐煩，問自己：「我在哪方面也愛控制人？」在心中說：「對不起，我試圖控制他人。請原諒這個行為。我愛自己，就算有缺點也一樣。謝謝你讓我有這個機會，處理我過度掌控的傾向。」

〈荷歐波諾波諾祈禱文〉（Ho'oponopono prayer）協助你用更慈愛、更體諒的心，接受他人與自己。挑別人的錯，會耗損你寶貴的精力，你可以用更有創意的方式來疏導能量。

────── **今日的自我喊話** ──────

我將利用這段祈禱文，治療我最受不了他人的地方。我會為自己的情緒議題負責。

117

慈悲為懷的菩薩

觀音是東亞的菩薩，救苦救難。觀音在中文的意思是「傾聽世上的聲音」。傳說中的觀音原是一名善良女性，遭到父親百般虐待。祂離世時，上天的使者問：「祢是大善人。祢想前往哪裡？」觀音回答：「我想回到世上救渡蒼生。」因此，當我們祈求觀音菩薩的保護，祂會救助我們。

我平日禮拜觀音，在冥想壇、家中與診療室都擺了佛像。我也配戴觀音玉墜，很少取下。觀音代表的慈悲精神鼓舞著我。

各位也可以向觀音祈求，把她當成女神的原型或是真正的神靈，與祂連結，行善積德，治療傷口，支持你的共感人天性。

───────── **今日的自我喊話** ─────────

我將閱讀觀音菩薩的故事，接受慈悲在生活中以各種方式展現。我會用健康的方式協助他人。

重新站起來

復甦是大自然的原力,看春天就知道了。在這個季節,你可以重現自己珍貴的一面,也就是你先前可能遺忘或拒絕的面向。你曾經對什麼事喪失信心,可以重來一遍?對愛的渴望?樂觀與希望?成功?有時候,創傷或傷痛會壓抑內心的渴望,讓冬眠中的渴望甦醒的時刻到了。從逆境、痛苦中站起來,從再也不適合你的舊模式中站起來,感受自己的活力,讓敏感天賦發光發熱。在心中說:「我將成為自己與他人的燈塔,不讓任何事壓垮我的靈魂,也不困在小我之中。」

────────── **今日的自我喊話** ──────────

我將成為世間善與希望的容器。萬一我一路上遺忘了真正重要的價值觀與夢想,我將重拾起來。

聖人／聖母情結

　　歷史上的殉道者多半是為了信念而死。在你的人生中，你也可能成為情緒的烈士。聖人或聖母情結是指感到有必要為了他人，犧牲自己的幸福並受苦。共感人尚未學會保護自己、設下界限之前，很容易有這樣的傾向。

　　聖人或聖母會有「自己好可憐」的心態，這個世界都在對付他們。另一種可能是，他們不曾抱怨，一輩子吃苦耐勞，不這麼做就會有罪惡感。問題出在他們自認有責任承擔他人的苦難，把付出當成一種自我犧牲與義務，而非喜樂。

　　如果你也有這種感受，我建議你重新評估人生。你不必承擔別人的業，也能發揮愛心和同理心。如果你有當聖人的傾向，問自己：「這種想法是否來自我的家庭？我的宗教觀？還是我自己？」作為共感人，你希望自己的敏感個性受到尊重，你想擁有快樂、長壽的生活。你可以樂於付出，但也要照顧自己。

———— 今日的自我喊話 ————

　　我不必犧牲自己也能愛護他人。我能以健康的方式付出，同時也能保護自己。

讓人們做自己

接受別人原本的樣貌是一種尊重。被指手畫腳是一種糟糕的感覺。回想一下，當朋友或親人批評你，你有什麼反應。除非對方開口請你幫忙，一般最好不要插手，或者提出建議的時候，講一次就好。除非是很極端的狀態，請對當事人有信心，相信他們能以自己的方式解決。

想像一下，如果你和親友的關係，建立在助他們一臂之力的基礎之上，而不是替他們解決問題，你們將擁有什麼樣的關係。你可能和許多敏感人士一樣，以為不試著幫助別人「變好」，你們的關係就會消失，或是對方就完了。實情通常正好相反。雙方要平等，一段關係才能長久。記得把注意力放在對方的長處，讓他有機會找到自己的翅膀，尤其是人生不順的時候。

──────── **今日的自我喊話** ────────

我將在人際關係中練習接受，不把「讓別人變好」當成自己的使命。我會關注別人的能力，而非短處。

短暫休息一下

擁有高生產力健康生活的祕訣，是在一天之中隨時短暫休息一下，恢復精神。日復一日地逼迫自己，只會弄得精疲力竭，還不如安排一些短暫的休息，然後再接再厲。研究一下行事曆，看看如何塞進這些喘口氣的時段。事先規定好休息時間，不要「到時候看著辦」，因為你八成不會有空。反過來講，如果事先安排好讓自己停下來，即使只有幾分鐘，也是在告訴潛意識，可以稍加緩解。利用這些無事一身輕的時刻散散步，呼吸春天的芬芳，或是做點瑜伽伸展，讓自己放鬆。規畫短暫的休息時間，可以減輕壓力，擁有更放鬆的生活。

―――――― 今日的自我喊話 ――――――

我會注意要在一天中安排短暫的休息時間，好安撫我敏感的神經，恢復精氣神。

遠離塵囂

定期逃離世俗與每日的行程，遠離塵囂一陣子。找一個地方，除非發生緊急事件，沒有人能聯絡到你。你可以把這當成共感人的心理健康與休息養生時間，不論幾小時或幾星期都可以。

想一想你最想去哪裡。可以很簡單，看一場電影就好，關掉手機一、兩個小時。也可以來趟異國假期或背包客之旅。我喜歡造訪沒有網路的修道院。你甚至可以考慮到正念冥想中心靜修。不論怎麼選，這是反省與無為的時間。你可能得花點時間，才能讓忙亂的心安靜下來，但是以慢步調生活，處於較接近冥想的狀態，你的頭腦會很感激有休息的時間，身體也會感謝你。

斷網、斷電時，你將進入較不受時間影響的狀態，擁有更多安寧，得以開啟直覺，甚至在睡夢中或清醒時刻接收到關於人生各方面的先見或指引。等你回到人群中，便可付諸行動。

—————— **今日的自我喊話** ——————

我將在這個星期遠離塵囂至少一小時。此外，也想一想如何安排更長的時間，暫時抽離。我不必為了別人，隨時待命。

安排科技齋戒日

在我們這個快步調的世界，可能有太多東西一下子湧上來。你被網路、語音信箱、社群媒體、簡訊與新聞的資訊洪水給淹沒。要是努力全數接收，可能會被榨乾精力。許多敏感患者都掉進我所說的「科技絕望」狀態。怎麼知道已經掉進這種狀態？看了網路、電視、手機，你會覺得有點沮喪、焦慮、麻木，宛如行屍走肉或是感官過載。解決辦法是少碰電腦或網路的世界。科技讓生活變得更方便，但通常也是長期耗損精力的源頭，共感人的問題尤其嚴重。

穩住心神、活在當下的方法，就是養成習慣，定期做科技齋戒。半小時不收信，用這段時間吃一頓美味的午餐。或是晚上早早關掉電腦與電子裝置。如此一來，入睡時會感到比較平靜。

───────── **今日的自我喊話** ─────────

我會留意自己是否出現「科技絕望」的症狀。反制方法是定期遠離科技，讓頭腦清醒，滋養靈魂。

讓家成為神聖的場所

　　你的家是神聖的場所，你有很多時間都待在那。你要讓家成為避風港，過完忙碌的一天之後，可以回到那裡。寧靜的環境能安撫你敏感的神經。牆壁的油漆與裝飾，請選擇令人平靜或有趣的明亮色彩。讓採光達到最好的狀態，讓新鮮空氣流通。在各個房間擺放神聖物品，那是通往靈性的試金石。

　　家可以是靜修的場所，不只是累壞時倒下就睡的地方。安靜的環境最能讓心平靜。如果住在城市裡，噪音很大，或是和家人、室友共享空間，可以試用抗噪耳機或白噪音機，隔絕交通或講話等惱人的聲音。此外，也可以請其他人戴耳機看電視或聽音樂。

　　家是心的所在地。當你把愛的覺知放進生活空間的各個面向，限制噪音與其他干擾，就能在家中感到滋養。

―――――――― **今日的自我喊話** ――――――――

　　我會讓家成為我的神聖場所，配合我的敏感天性。我希望活在舒適的環境中。

打造睡眠聖殿

　　你的臥室必須是可以安心休息的寧靜之所。共感人熱愛自己的床，床甚至是我最喜歡的空間之一。記得選擇高織紗數的柔軟棉質床單，別選會發癢的那種，敏感人士受不了。把床墊想成一種治療工具。你睡在那裡、在上面做愛，有時還躲在被窩裡，逃離世界。一夜好眠的方法是選擇能支撐脊椎的床墊。此外，讓新鮮空氣在臥室流通。食物或香水等白日殘留的氣味將打擾你休息，你會想起先前做的事或當時的緊張感。

　　讓壓力遠離你的睡眠聖殿。你的床是馬車，載著你進入夢鄉，你將在睡夢中恢復精神。不在床上做任何會讓自己心煩意亂的事，如吵架、繳帳單、看新聞。設定停止工作或不再看電腦的時間。藍光會干擾睡眠模式。用水晶、蠟燭與神聖物品裝飾你的臥室。鮮花、薰香與芳療也能營造寧靜的心情。

--------- **今日的自我喊話** ---------

　　我會讓我的床變成睡眠聖殿。這是一個神聖的場所，我在上頭放鬆並恢復精神，不在床上做任何有壓力的活動。

在家中薰香

　　如果你卡住了或感到疲憊，或許家中有滯留的氣。薰香是美國印地安人與原住民的神聖儀式，燃燒鼠尾草、香柏、甜草或祕魯聖木，能清除負能量，淨化環境。空間會累積各種情緒，除了喜悅，也會累積緊張、憤怒與焦慮。不論是正面的情緒或壓力，即便其他人沒感覺，共感人能察覺尚未散去的感受。

　　清除空間裡任何影響你健康的氣。實驗一下，焚燒不同的植物，看看自己喜歡哪一種，氣味又不至於太濃烈。鮑魚貝殼是不錯的容器，適合拿來燃燒植物。薰香時，讓自己處於冥想狀態。也可以拿著薰香在家中四處走動，用煙霧淨化房間各個角落與中央的區域。除了能減少空氣中的細菌，薰香可以增加安定神經的負離子，還能淨化家裡、辦公室等場所。

—————— **今日的自我喊話** ——————

　　我會在家中薰香，觀察空間的氣氛如何變輕鬆，感覺更乾淨。我將實驗不同的香草與香氣，找出我有共鳴的那一種。

減少刺激

共感人的神經系統很敏感，聲音、味道、氣味與質地都有可能引發強烈的反應。此外，各種顏色、光線與天氣也會啟動你的感官。讓自己最舒適的方法，就是調節生活中的刺激程度。任何過量的東西都會讓你招架不住，比如強光、噪音或人群，但分量適中的刺激與美感，能讓你的靈魂自由。

一旦留意到感官過載的徵兆如焦慮或疲倦，立刻減少刺激。我有時會躲進安靜的昏暗房間裡冥想，好讓自己鎮定下來。也可以讀詩或聽莫札特的音樂，撫慰心靈。光是減少刺激，或許就足以穩住心神。

────── **今日的自我喊話** ──────

我將開始留意刺激過多的時刻，想辦法降低環境中的感官輸入，讓自己冷靜下來，感到平靜。

在療癒的音樂中定神

感到過載時,適合的音樂能提振精神。音樂能用於治療憂鬱、焦慮與慢性疼痛。神經科學家發現,祥和的音樂會增加正面情緒,刺激腦中的愉快荷爾蒙——多巴胺。高敏感人士對音樂的反應,類似體驗到同理心。

這些年來,有幾首歌與歌手幫助我走過分手、失望與自我懷疑的時期。有的音樂讓人想起快樂時光,例如,第一次碰到真愛、大學畢業、造訪充滿異國風情的地點。歌曲標誌著我們的人生,具有療癒效果。

哪些音樂撫慰過你?賽門與葛芬柯(Simon and Garfunkel)的〈史卡博羅市集/短歌〉(Scarborough Fair/Canticle)讓我想起初戀,以及對方離開後的那段痛苦經歷。聽那首歌令我感到憂鬱,但也感受到不加掩飾、真摯、豐富的情感。我壓力大的時候會聽聖靈的音樂,例如恩雅(Enya)、蒂娜·瑪利亞(Tina Malia)、Wah! 樂團或巴哈的作品。音樂可以安撫敏感人士。別忘了讓音樂湧過身心,帶來滋養。

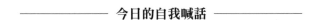

今日的自我喊話

我會聽振奮精神、帶來靈感與撫慰我的音樂,讓音樂的力量療癒身心。

化境

在化境狀態下，每一樣東西自然地流動，你不需要強迫事情發生，只需聆聽直覺，感到與自己、他人共鳴。尊重自己，也尊重別人，不抗拒生命的自然流動。

活在化境之中是值得追求的目標。抵達的方法很簡單，只要探問直覺：「我覺得今天該做什麼？我的精力狀態如何？就算很忙，我能如何照顧自己？」你愈疼惜自己，就愈能進入化境。

留意「共時性」（synchronicity）。在某些瞬間，一切豁然開朗，問題迎刃而解。你想起某位老友，突然間就在街上遇到他。有人隨口提到某位醫生很厲害，專精某個領域，恰巧就是你目前遇上的健康問題。愛因斯坦說過：「上帝藉共時性藏身幕後。」當你處於化境，處處是共時性，你與生活的直覺韻律合拍。

────────── **今日的自我喊話** ──────────

我接收直覺，在化境中展開早晨時光。一天之中，我將觀察共時性等直覺的徵兆，打開心胸接受它們代表的意義。

小心自戀狂

自戀狂與共感人之間存在致命的吸引力。自戀狂魅力十足、聰明風趣，令人怦然心動，但要是不順從他們的意思，也能變得自私冷酷，故意懲罰你。研究顯示，嚴重的自戀狂有「同理心缺乏症候群」，意思是他們拿不出我們所知的同理心（進一步的解釋，請參考 11 月 17 日那一篇）。自戀狂無法給你無條件的愛。雖然許多共感人很難理解，但你無法用愛心治癒自戀狂。

人生苦短。自我照顧的方法，就是你想和什麼樣的人共度光陰，務必徹底下決心。如果避不開自戀狂，例如那個人是你的主管或家人，那就降低期待。在他們身邊時，保護好你的心。如果只是擁有自戀的特質，那些人有辦法顯露些許的同理心，但是當你有所選擇時，最好還是和曉得如何當朋友、有辦法回饋愛的人在一起。

──────── **今日的自我喊話** ────────

我將找出生活中的自戀狂，瞭解他們的侷限，包括他們的同理心極為有限，或者毫無同理心。我知道自己無法改變或拯救自戀狂。

第一印象

你感應自己的直覺時,將接收到對人事物強烈的第一印象,體驗到正面的直覺感受或危險訊號。

第一印象力量強大。評估某個人的時候,別忘了第一印象。譬如面試時,你希望自己對未來的上司有好感,實際情形卻是,和對方共處一室令你感到疲憊。如果第一印象不符合你的期待與渴望,記得多加留意。然後,讓時間慢慢揭曉對方的真性情。

有一點特別要注意,不要因為新認識的人,和你以前認識的人有相似之處,就把他們當成那個人。舉例來說,如果你看見某位女性的長相或舉止,很像你愛批評人的某某阿姨,你可能誤以為這個新認識的人,同樣講話難聽。當你懷疑兩個人屬於同一種類型,要重新接收直覺,再判讀一次,或者相處一段時間後,慢慢瞭解這個人。

我重視我得到的第一印象。第一印象會提供重要資訊,讓我知道這個人散發什麼樣的能量。不過,我也知道日後可能需要修正評估,所以除非接收到非常強烈、「離遠一點」的訊號,或是感受不到任何連結,不然我會慢慢觀察,瞭解實情。

———————— 今日的自我喊話 ————————

我將留意第一印象,讓第一印象引導我瞭解一段關係或事情的全貌。

別動不動就懷疑自己

我有很多患者的問題是懷疑自己。比如碰上某個戀愛對象時，直覺明明清楚告訴他們：「這個人不適合我。」但是朋友覺得那個人條件理想，他們便懷疑自己的直覺，仍然接受了那段關係。最後行不通，回到我的診療室，便感嘆道：「要是當初聽從直覺就好了。」記得相信你的直覺，至少要觀察事態的發展。

我自己在開發直覺時，有時會因為忽視直覺而學到最重要的一課，或是摔很大一跤。直覺不是多數決，也不是共識決，只是你內心的聲音在提供建議。你的自尊或許剛好不想聽，建議本身也不總是好消息。然而，當你停止懷疑自己的直覺，你的決策與人生將大大改善。

────── **今日的自我喊話** ──────

今天我會為了工作、健康或人際關係的某一件事，聆聽直覺，不去質疑我接收到的訊息。

和朋友喝茶

挪出時間和朋友一起喝茶，一個小時就好。不必特別聊什麼。這是神聖的暫停，休息一下，和你喜歡的人共享美好時光。坐在這個人對面，是分享正能量的方法，地點可以是餐廳、茶館或自己家裡。這是休息、連結與開心的單純時刻。別忘了偶爾送自己這樣的禮物。儘管微不足道，卻能夠大大地慶祝友誼、愛，以及美妙的日常時光。

—————— **今日的自我喊話** ——————

我會安排和朋友喝茶，單純地享受，品嚐簡單的親密與快樂。

婉謝邀約或取消計畫

外向的共感人享受社交活動,但是像我這樣的內向共感人,喜歡多一點安靜的時光。我覺得一星期社交一次是最佳頻率。為了練習自我照顧,你必須學習婉拒的藝術,訣竅是愛。「聽起來是很棒的聚會。」你可以告訴對方:「我也想去,但我太累了。」假使害怕辜負別人的好意,持續過分投入,你的精力將會受損。與其看作是「自私」的決定或為此感到愧疚,「不,謝了」必須成為自我照顧的固定台詞。

此外,你有時也需要取消計畫。你想要說到做到,但最終你渴望獨處的時間,或者根本累到無法出門。你很願意參加,但不得不取消。敏感人士很不願意讓別人失望,有時卻是必要的。

評估你應允的事情的重要性。有的計畫沒辦法不做,有的很容易就能調整。萬一很累,但是非得參加某個重要場合,例如妹妹結婚,那就事後特別照顧自己。永遠要衡量利弊,抓好自己要如何使用精力。

───── **今日的自我喊話** ─────

如果我很疲憊、生病或單純需要獨處,有時候確實必須婉拒邀約或取消計畫。

練習只說有用的話

有一次，我去塔薩迦拉禪山中心禪修。僧侶與留宿者在煮飯、打掃與修剪庭院時，只講「功能性字詞」，意思是只講最必要、最簡單的幾個字，不去打擾身旁的人工作。舉例來說，廚師只會告訴廚房工作人員：「番茄」、「擺餐具」、「垃圾」，不講詳細的句子。

我是喜歡安靜的共感人，很中意這樣的溝通方式。我不喜歡長篇大論的解釋或對話，寧願集中注意力，安靜做事。寡言帶來一個開放的空間，你可以單純待在那裡，不說話不會失禮。

在家中實驗只講必要的話，這是練習正念的方法。告訴另一半或其他人，你將在某個時段這麼做，歡迎他們加入。一天之中，少講一點話，會比較容易找到安定自己的力量。

────────── **今日的自我喊話** ──────────

我將練習只講有用的字詞，簡化語言，用最少的字詞表達想法與需求。我會留意這麼做如何影響頭腦的清晰程度，以及精力多寡。

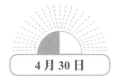

簡單事物的神聖性

對生活中的簡單事物懷著敬畏與滿足，例如：微光在水面上的反射、蕭蕭的風聲、朋友美好的擁抱、孩子的笑容。最簡單的美好事物中，帶有龐大的正能量與光。在日常世界裡，看著明亮的事物，將帶來許多歡樂，我自己就是這樣。如此用心覺察的安靜活動，將帶來許多美學與精神的獎勵。尋找美與光，目光不需要放在很遠的地方。我們往往過分忙碌，時間一下子便流逝。人盤算著未來，未能享受當下。記得要停下腳步，留意近在眼前、一直都在的光。天堂就在面前。只要你慢下來，就能看到。

———— 今日的自我喊話 ————

我今天會停下匆忙的腳步，不奮力追求什麼，讓小事帶來快樂，體會每一次的呼吸與每一刻的生命力。

永遠在成長

人生是持續成長的過程。保持活力的方法是不斷成長，苟日新，日日新，又日新。慶祝小小的進步，也慶祝重大的突破。你的心靈吶喊著要變得更寬廣，更能發光發熱。聆聽心靈的呼喚，向有起有落的生活冒險說 YES。你努力做到的自我療癒，極度有意義，支撐著心靈渴望拓展的直覺。從出生到人生的最後階段，生活中的每一刻都很重要，讓你呼吸、打開心，也鍛鍊你的敏感天賦。記得用簡單的雙眼觀看，找出單純的美。生活的一切都在散發源源不絕的力量。

―――――― 今日的自我喊話 ――――――

我永遠不會停止成長，也不抗拒改變，我會致力拓展情感與心靈上的各種可能性。

每一個人都是你的精神導師

你遇到的每一個人,都有東西可以教你。正面人士是愛、友誼、陪伴與信任的導師。難相處的人則不好處理,他們的行為惹人厭,令人感到不舒服,但你會因此知道自己有哪些傷口與情緒地雷,接著就能治療。舉例來說,如果有人批評你的選擇,可以趁機和他們的行為劃清界限,還能檢視你自尊脆弱的那一面。就是因為那部分的你沒自信,他們才能傷到你。或者有人施捨你一點愛,但無法提供真正的親密關係,若能說出「我值得更多」,你將擁有強大的力量。

接受人生教你的一切。這樣的自我療癒需要謙卑的心。以接受的心態面對,練習隨遇而安,便不會那麼痛苦、時時抗拒。記住,生活不是發生在我們身上,而是為了我們而發生。與其祈禱能避開麻煩人物,不如接受他們也是你的導師。

──────── **今日的自我喊話** ────────

我將從正面的人身上學習關懷,也把討厭的人當成老師。他們能協助我治癒情緒傷口,獲得自由。

139

5月3日

和樹做朋友

樹木是可以陪伴你的生物。我小時候有一棵特別喜歡的樹，我會拜訪它，抱著它。難過時，向它述說我碰上的麻煩。開心時，去看它也會讓我心情好上加好。

樹木提供乘涼的地點，可以冷卻大地，還能淨化大氣，去除有毒的二氧化碳，將碳儲存於樹幹、樹根與樹枝。此外，樹木會釋放我們呼吸的氧氣。有的樹木十分高齡，見證人世間無數個世紀。加州因約國家森林（Inyo National Forest）有一棵松樹屹立不搖了五千多年，是地球上最古老的樹。

你的共感天賦也包括與大自然連結。樹木的陪伴令人感到愜意。找到一棵或好幾棵樹木朋友的方法是造訪森林、公園，甚至留意街區的路樹，看看自己直覺被哪棵樹吸引。感官過載時，可以到樹下冥想凝神。光是把手掌貼在樹上（甚至擁抱！），就能穩定情緒與能量。

──────── **今日的自我喊話** ────────

我知道樹木有生命。我會找到一棵能陪伴我的樹，待在樹旁，讓自己安定下來。

140

宇宙在對你眨眼

天地神靈對我們眨眼時,會出現奇蹟。記得留意相關跡象。這個眨眼有可能很隱密,也可能很明顯。我在寫《正能量》(*Positive Energy*)這本書時找不到靈感,硬逼自己寫下去,但愈逼愈糟。一天晚上,我夢到一組明確的電話號碼,一共十個數字。隔天早上,我真的撥了電話過去!一位女士接起電話:「洛杉磯加大醫院產房部,您好。」我不禁微笑。那確實是需要「用力」的地方!宇宙的力量正在對我眨眼,告訴我:「別再那麼用力。」我聽從這個建議,減輕了自己的壓力,允許我的書用比較自然的方式問世。

留意宇宙在生活中對你眨眼的時刻。你原本會出大事,但是在千鈞一髮之際,躲過了一場車禍。或是恰巧碰到以前的上司,邀你加入他目前公司的夢幻專案。這種宇宙眨眼的時刻,會讓你更常對生命中的每件事微笑。

--------- **今日的自我喊話** ---------

我會尋找生活中的奇妙之處,留意身旁無所不在的宇宙幽默,不會因為過分嚴肅而錯過這些奇蹟。

放鬆

諸佛開悟時都會微笑，祂們看見宇宙的幽默，也看見我執與恐懼的愚癡。不要把自己看得太重（這是共感人的傾向），盡量去發現生活中的宇宙幽默。

我有一位九十多歲的好友，這些年來，不論發生什麼事她都微笑以對，包括罹癌。有一次我問她：「為什麼每件事妳都一笑置之？」

她微笑回答我：「為什麼不笑？」

開悟之人的特徵是有辦法笑。你可以既悲慘又快樂。就算情況不樂觀，也不代表你不能喜歡自己。順境笑，逆境也笑。不論面對什麼，心情無須沉重，只要輕鬆以對。天地神靈永遠與你同在。明白這一點，可以協助你放鬆。

────── **今日的自我喊話** ──────

我會看著今日輕鬆的一面，避免在問題上糾結。我會發現哪些事可以一笑置之。

不想太多的喜悅

　　共感人很容易猶豫不決。儘管做決定時，理性思考很重要，如果太過頭，一下子想到這個、一下子想到那個，你會很痛苦。什麼程度算想太多？當你已經面面俱到，卻還是想個不停，就叫想太多。

　　愛因斯坦說過，問題不一定能從問題的層面解決。所以想像暫時放手，不繼續糾結。不再多做或多想什麼。

　　練習以下的觀想，停止想太多：

　　想像自己升起來，脫離各種煩惱，離開地球，進入開闊的宇宙。你自由漂浮，觀察閃閃發亮的星星、行星，以及向四面八方無限延伸的宇宙。向聖法蘭西斯（St. Francis）口中的太陽弟兄與月亮姊妹打招呼，沉浸在不可思議的美與奧祕之中。

　　這個景象會把你帶到開闊的空間。專注其中會使你的心靈放開煩惱。當你敬畏宇宙萬物，就能體會不想太多的喜悅。

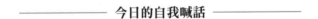

—————— **今日的自我喊話** ——————

　　我卡在某個問題時，會停下來深呼吸，放寬視野，接著就能發揮創意，回頭解決問題。

其實與你無關

靈性成長有一條很簡單、但通常很難做到的原則：如果有人對你講出難聽或不體貼的話，那些關於你的事，通常不是真的。

為什麼不該把某些話放心上？如果有人羞辱你，他們其實是把自己在成長過程中學到的模式投射在你身上。有一句話說：「受傷的人會傷人。」在那一刻，你化身為他們愛處罰人的母親，或冷漠疏離的父親。然而，雖然對方把事情說成是你怎樣又怎樣，實際上根本與你無關。唐・米蓋爾・魯伊茲（don Miguel Ruiz）在《讓夢想覺醒的四項約定》（*The Four Agreements*）談到，他人會把自己的毒藥帶進你們之間的互動，但沒必要耿耿於懷。

如果有人說你「太情緒化」或「軟弱」，你內心必須知道這不是真的。唯有認同他們的看法，你才會感到不舒服。要不然，你知道那些話有多離譜。你可能不喜歡某個人的評論，選擇設下界限，但你不會把他們的話放在心上。當你用愛拋開關於自己的錯誤看法，才會成為更有力量、更有自信的共感人。

―――――― **今日的自我喊話** ――――――

我不會把別人對我的誤解放心上。我知道他們把自己尚未解決的議題投射在我身上。

看法是最低階的知識

　　每個人都有看法，那只代表他們的觀點，不一定是真的，也不一定有人請他們提供意見。小說家喬治・艾略特（George Eliot）說過，最高階的知識是同理心，因為同理心需要放下自我，瞭解別人的世界。相較之下，不必瞭解事情真相，也能有看法。

　　有人提出關於你的看法時，有可能是真的，也可能不是。問題出在共感人很容易認真看待別人的判斷，賦予過多的分量。如果朋友說：「你需要參加大型派對，認識更多人。」那只是朋友的看法，八成沒考量人多的時候你會感到焦慮或不舒服，或是你比較喜歡小型的聚會。你可以聽從朋友那些沒考量實際狀況、就評估你該做什麼的意見，或是坦白說出「謝謝你告訴我這件事」，然後參加成員跟你比較合得來的社交活動。你要認識自己，永遠追尋自己的道路。

—————— **今日的自我喊話** ——————

　　我知道看法是主觀的。別人的意見除非含有我可以應用的智慧，不然我不會照單全收。

花帶來的幸福

　　神靈住在大自然與花朵裡。你是否注意過，躺在百花齊放的原野上，或是觀賞花園裡新生命綻放的奇蹟，那種感覺有多神聖？花在陽光、露水與雨中亭亭玉立，永遠不慌不忙，令人感到美好。花很美，但不只是美，還散發活著的喜悅。美國思想家愛默生（Ralph Waldo Emerson）寫道：「大地在花朵中微笑。」

　　慶祝春天百花盛開的方法，是在家中或辦公室擺放美好的花束，欣賞它們，讓美妙的植物與你分享喜悅。你的超強感受力讓你吸收到花朵的新鮮與樂觀，預報新的一天會很美好，有理由感到希望。別忘了永遠敞開你的心，接受生活中的種種祝福。讓花成為當下的祝福，你唯一要做的事，就是感到心滿意足與祥和。

────────── **今日的自我喊話** ──────────

我會賞花，感受花的生命力。花朵可以美化環境，提振精神。

向陰性能量致敬

不論男女都具備女性或是陰性的能量。「陰」代表順從、流動、有感情，以及有如月亮的一面。陰與「陽」互補。陽是指我們所有人的體內想讓事情發生、解決問題，以及大步前進、征服世界的能量。陰陽調和將使你朝氣蓬勃，活力十足。

在母親節這天或前後，讓我們特別向天下所有的母親，以及我們內在的母親致敬，一同讚揚女性的力量。我們感恩有幸成為父母，也向自己的母親說謝謝。母親與祖母可以是我們最偉大的精神導師。她們曉得哪些事能激勵我們，而我們可以藉由這樣的教導，在情緒與精神上有所成長。

陰性的一面可以讓你和大地，以及地球上的所有生物連結。大地之母是造物女神，能帶來生命。記得歌頌陰性的能量，讚美她為你體內帶來的溫暖及力量。

―――――――― **今日的自我喊話** ――――――――

今日我將崇揚自己女性的一面，也向史上所有的母親致敬，包括大地之母。我會讓女性的一面，帶領我重新與自己的身體、與大地連結。

我不是我的母親

獲得完整力量的前提在於你必須明白，自己是獨立於母親之外的個體。你可能和母親擁有某些共通的特質，你也仰慕母親的那些面向，但重複母親的負面行為，對你不會有幫助。你們有各自的靈性道路要走。

共感的孩子直覺就想幫母親的忙，有可能無意間吸收到母親的焦慮或不安（可能一路伴隨到成年）。舉例來說，如果母親感到焦慮，你試圖替她分憂解勞，有可能在無意間承接母親的焦慮或憂鬱。你不會因此幫到母親，只會增加自己的負擔。

記錄你和母親有哪些相像的正面特質，或許你們都很幽默、大方與聰明。此外也想一想，母親有哪些於事無補的情緒或行為，而你繼承了那一點。或許，你學到母親愛批評的聲音，或者和她一樣恐懼不安。檢視哪些特質是你的，哪些是母親的。

當你想要放下你仍在替母親背負的包袱，默念以下幾句話：「我不是我的母親。我有自己的獨特靈性旅程要走。我準備好釋放母親的負能量。」

―――――――― **今日的自我喊話** ――――――――

承擔母親的痛苦不是我的責任。不論是正面或痛苦的教訓，我都會學習母親教我的一切。我會祝福母親的旅程，但我知道那是她要走的路，不是我的。

148

重生：你的創造故事是什麼

　　重生包含更新生活中掙扎或停滯的一面。你在許多階段都能重生。問自己：「我想處理哪些特定的領域？我的靈性？直覺？工作？與父母或另一半的關係？」接下來，寫下你的「創造故事」，定義你能做出哪些具有建設性的改變。

　　創造故事標示著新階段的開始。思考你的創造故事會是什麼。有一名病患告訴我：「我想創立太陽能風車發電事業，產生潔淨能源。」其他患者的答案包括：「我想找到更多的獨處時間」、「我想與母親建立更親密的關係」、「我想生孩子，為人父母」。即便人生的某些面向出現停滯，你可以擬定重生計畫，再度出發。

────── **今日的自我喊話** ──────

　　我將打造自己的創造故事，明確找出「我想要建立……」，填入我內心的真話。

在家人身旁升起防護罩

　　有時你必須練習升起防護罩，隔絕某些親人，避開他們的負能量。許多人沒意識到自身的行為或情緒所造成的影響。你的父母與手足有可能渾然不覺自己陷入被害者心態，或是習慣性地批評你的選擇。他們不瞭解自己成天吵鬧，把你弄得精疲力竭。

　　讓你的家人瞭解你生性敏感，說明在聚會上他們可以如何支持你，例如講話降低音量，或是把你的座位安排在比較隨和的親戚旁。理想狀況下，家人會照顧到你的需求。

　　不過，在某些人身旁，你還是需要保護自己。有一位母親告訴我：「隔絕自己的孩子，讓我感到愧疚。」這句話聽上去像是在說，她的職責是毫無保留地接納孩子糟糕的行為。別這麼想，只要把隔絕想成是包住自己、安定自己的正能量場。方法如下：

　　想像距離你的皮膚大約五英寸（約十二、三公分）的地方，有一道白色或粉紅色的光罩，完全包住你的身體，擋住所有的負能量與壓力，但正能量能夠進入。在家庭聚會上或處於其他累人的場合時，披上這道保護罩，需要多久就維持多久。

────── **今日的自我喊話** ──────

　　我為了照顧自己，和令人壓力十足的親戚相處時，我會做防護罩觀想。我依然可以關懷某個人，但不用接收他們的負能量。

一次處理一個議題

要讓人充分理解你，最好一次講一件事，避免傳達太多資訊。

你情感豐富，心中有著大量的感受與共感需求。你想表達自我，希望自己的需求被聽見。然而，明智的作法是表達重點，簡單溝通，這樣比較有成效。有時候，你很想一口氣說出所有的困擾，尤其是焦慮或沮喪的時刻。你有可能在一段對話中同時說出：「我需要更多的獨處時間。如果你父母一次來訪一個星期，我會很累。還有，請把電視轉小聲一點，並且幫我管一下孩子。」這樣的講話方式會讓人抓不到重點。先提最重要的事，之後的幾天或幾星期，再逐一提出其他問題，才是尊重他人的有效溝通方式。

———————— **今日的自我喊話** ————————

我會找出最想和配偶、朋友或其他人討論的五件事。一次處理一個主題就好；避免一下子塞太多資訊給我愛的人，他們會消化不良。

閒聊

我不愛閒話家常。我是內向的共感人,永遠擅長不了這種事,聊天讓我感到很累,很像被迫講話,只為了避免尷尬,而去填補時間。你可能也有這種感受,卻不允許自己逃避。因為你覺得不陪著講幾句沒禮貌,或是對於自己缺乏聊天技能感到羞愧,於是一直避開社交場合。

你要誠實評估自己如何看待閒聊。你是否感到尷尬?你害怕聊天嗎?如果你是外向的共感人,這種與人連結的方法友善嗎?這沒有對錯可言。

如何能用富有禪意的方式,避免瑣碎的對話?如果我去參加派對,我會請同伴或喜愛社交的朋友負責聊天,他們原本就喜歡講話,壓力不會在我身上。我負責聽就好,如果聊天內容變深入了,我再加入。另一種方式是找跟自己比較合的人,和那幾人聊就好。想一想對你來說,哪些方式比較可行。

─────── **今日的自我喊話** ───────

我將找出自己偏愛的聊天方式,尋求讓自己自在的對策。我會請朋友協助,在社交場合助我度過寒暄時刻。

消除殘留的能量

即便互動結束，你身上依然有殘餘的能量。你是否有過這樣的經驗：與朋友度過愉快的午後，接下來的幾小時心情還是很好？碰到焦慮的人，隔天仍感受到他們的焦慮？

「能量宿醉」是指遇見某個人後，即使源頭已經離開，負面的影響仍殘留在你身上。就算你與某人設下良好的界限，事後卻繼續胃痛，或是感受到從他們身上吸收的疲憊。在那樣的時刻，可以泡澡或淋浴，讓水帶走滯留的能量。也可以焚燒鼠尾草或甜草，清理空間裡負面或滯留的感受（詳見 4 月 20 日）。此外，深呼吸練習也能去除所有不愉快的感受。淨化全身與實體空間後，能量宿醉就會消失。

————— **今日的自我喊話** —————

如果我有能量宿醉，我知道這個感受是真的。我會採取步驟，清理殘留的情緒或壓力。

擁有情緒安全感

學著用健康的方式和他人互動，尊重自己的敏感性格。情緒安全感源自體驗到內心的自在。你得以放鬆，知道不會受傷害，也不會被批評、被攻擊。

情緒安全感始於你的內在，承認自己的情緒，不要壓抑。身為敏感人，你的感受可能強烈到無法承受的地步。在那樣的時刻，記得要溫和、慈愛地對待自己。

在親密關係中，情緒安全感代表你信任對方，可以在他們面前展現脆弱的一面。發生衝突時，先別下定論。愛、接受、尊重與感到被渴望，都能讓你感受到情緒上的安全感。

釐清自身需求的方法是想一想，對你來說，情緒安全感代表什麼。我們每個人的答案都不一樣。問問自己：「什麼會讓我有情緒安全感？誰讓我感到安全？誰讓我感到不安全？」想想你的朋友、配偶、家人，寫下需要做哪些改變，你才會在這些關係中更有安全感。用這樣的方式照顧自己，就能在信任的人面前敞開自己，不怕受傷害。

————— **今日的自我喊話** —————

我會選擇讓我感到被尊重、不被批判的關係。此外，我也會替他人打造安心表達情緒的社交圈。

是共依存症，還是共感？

有一個笑話說，共依存症者離開人世時，他們眼前閃過的是**你的**一生。共依存症的人過度感到要為他人負責，習慣在關係與工作中幫忙收爛攤子。如果你有共依存症，你很難袖手旁觀，放手讓別人走自己的路。你往往過度幫忙，想要解決別人的問題，認為不插手就完了——如果你從小和酗酒或焦慮的父母生活，很有可能養成這樣的習慣。

共感人可能有共依存症的傾向，但不是所有的共依存症者都是共感人。差別在於共感人會吸收別人的壓力、情緒與身體症狀，但不是所有的共依存症者都會發生這種事。

高度共感的人可以練習自我保護技巧，像是戴上保護罩或冥想（詳見 5 月 13 日），處理能量吸收的問題。純粹的共依存症者則不需要。不過，共感人與共依存症者都需要設定界限，把他人視為分開的個體，而非自己的延伸。這也是治療的一部分。你依然待在某個人身旁，但可以當一個稱職的聆聽者及忠實的朋友，不必承擔他的問題。

──────── **今日的自我喊話** ────────

我不再把心力都放在別人身上，專心照顧自己。我可以樂於付出，但維持健康的界限。

眼神交會的力量

我們的眼睛會發送強大的能量。如同大腦會散發電磁訊號，延伸至體外，研究顯示眼睛也會投射這樣的能量。觀察一下人們的眼神。他們是什麼樣的人？有愛心？性感？平靜？刻薄？憤怒？冷酷？此外，從眼神判斷對方是否感到自在，這可以看出他們的親密能力。還是他們看起來有所防衛、疏離，隔著一層距離？

你充滿愛心，想要瞭解他人，以同理心對待，因此你可能直覺就深深看進人們的眼睛，接觸他們的本質。事實上，「眼對眼」是一種譚崔技巧，意思是長時間以充滿愛意的眼神接觸，協助戀人變得更親密。不過，在日常生活中不要隨便凝視，審慎決定是否要和某個人有眼神接觸。

眼睛是靈魂之窗，但不是每個人都想讓別人讀取他們的靈魂。小心不要讓你的凝視太有窺探性；如果是別人在窺視你，可以移開視線。共感人隨時都在跳能量交換之舞，你必須替自己選擇健康的交流。

今日的自我喊話

我會用智慧判斷要透過眼睛與誰交換能量。如果感到不舒服，我不會凝視對方。此時，健康的作法是移開視線。

回到發送者身上

　　每當你吸收到情緒、壓力或不屬於你的感受，以最快的速度排出體外。我自己會默念咒語：「回到發送者那裡。」各位也可以試一試：

　　一旦意識到自己從別人那吸到東西，不要驚慌，觀照就好。呼吸，接著在心中信心十足地重複念三遍：「回到發送者那裡。回到發送者那裡。回到發送者那裡。」暫停幾秒，深深吸氣、吐氣。接下來，感受不舒服的感覺離開你的身體，完全消散在無窮的宇宙中。現在你感覺平衡、健康、完整了。

─────── **今日的自我喊話** ───────

我會利用「回到發送者那裡」這句咒語，快速釋放體內不好的能量。

鏡像神經元

你的大腦裡有一群特殊的細胞,名稱是鏡像神經元,與同理心和愛心有關。研究顯示,共感人的鏡像神經元高度活躍,因此特別有同理心。你愛的人感到痛苦時,你會覺得似乎是自己在受苦,有時甚至也會感受到陌生人與這個世界的痛苦。同樣地,如果有人很有愛心,你也會感受到他們強烈的善心。

瞭解自己的鏡像神經元系統高度靈敏,可以提醒你保護自己的重要性,遠離不屬於你的不舒服。充滿愛心是一種天賦,但有必要設下健康的界限。記得要明智地運用同理心,別讓自己心力交瘁,隨時回到內在,恢復能量。

—————— 今日的自我喊話 ——————

我有著細膩的鏡像神經元系統,負責愛心與同理心。我會持續在付出健康與自我照顧之間找到平衡。

隨著力量而來的是責任

體驗到天生的直覺、同理心,以及與神靈連結,令人充滿力量。這些能力成熟時,你更能靜下心來,更有自信,也有辦法識人,進而更熱愛世人與這個世界。你的好心腸是一股美好的力量,人們會因此敬重你。

在自己與別人身上明智地運用這份力量。什麼才是負責的態度?首先,對自己敏銳的共感力與直覺,要抱持謙遜的心態,永遠不要因為這份力量而自我膨脹,操控他人,也不要雞婆。此外,你能夠聆聽他人,也有辦法保住自己的健康。你可以付出,但同時安定自己的身心。最後,你要致力於自我照顧,保存精力。充滿力量又能夠負責,是很好的組合。

────── **今日的自我喊話** ──────

我會擁抱敏感天賦帶來的力量,接受隨之而來的責任。我會以善良正直的方式運用自己的能力。

畢業：主宰你的命運

　　春天是畢業季，你完成教育的一個階段，離開大學，或是在人生的其他領域更上一層樓。此外，畢業的意義是認可你獲得的智慧廣度，包括作為共感人學到的自我照顧法。畢業是一段發展階段的頂點，也是新階段的起點。

　　人生是我們在世間的學校。關於共感與愛心，我們有太多事要學。你的成就可能包括成為犧牲奉獻的父母與配偶、追求一段職涯、培養自己的情商與同理心等等。畢業有很多種。在今天恭喜自己畢業了。你從哪個階段畢業？你克服了哪些逆境？前方有什麼新的道路？為自己達成的一切感到開心。

────────── 今日的自我喊話 ──────────

　　我進入眼前的人生新階段，能夠主宰自己的命運。我會慶祝我有更深入的共感能力，達成各項成就，從各種事情畢業。

過度警戒

　　你有可能為了避免被其他人的壓力壓垮，變得過度警戒。你不斷掃視四周，以確保安全無虞，不被吸走精力，或是進入高度激發的狀態。共感人經常被誤會是性格高傲，不屑與人相處，但是旁人並不瞭解你表面上保持距離，其實是在專心保護自己。

　　共感人小時候如果有早期的創傷或是受虐，包括覺得父母「看」不見你，有可能容易風聲鶴唳，疑神疑鬼。如果幼時的神經系統發展沒獲得療癒，你會變得過度警戒。不過，一旦接受自己的共感能力，學著設定明確的界限，包括設下防護罩等等，過度警戒的情形就會減輕，更放鬆地在世間安身立命。

────────── **今日的自我喊話** ──────────

　　我將觀察為了保護自己的安全，我花了多少時間檢視環境。我會利用相關的保護技巧，讓自己更舒服。

安排短暫的高強度運動

每當你吸收到他人的壓力，安排做一點運動。除了平日的固定運動，短暫的高強度運動（一至五分鐘）可以快速淨化你的身體。運動能釋放腦內啡，阻斷疼痛衝動，增強食欲，帶來鎮定、甚至幸福的感受。

找出適合你的高強度運動。快走或跑步都可以，也可以嘗試難度更高的瑜伽姿勢、舞蹈、跳繩、深蹲，快速甩開焦慮、憤怒或其他不舒服的情緒。選擇安全的運動形式既能挑戰身體，又能「感到肌肉在燃燒」。

—————— 今日的自我喊話 ——————

當我希望快速釋放壓力時，我將探索可以做哪些簡短的高強度運動，協助自己排掉從別人那裡吸收到的不良情緒。

能量治療

共感人講能量的語言，可感受能量醫學的好處。處於感官過載或不舒服時，請向能量治療師諮詢，如靈氣老師（Reiki）或療癒觸碰師（Healing Touch）。他們透過雙手，傳送療癒能量給患者。這種細膩的技巧可以通氣，使你恢復平衡。接著，你自身的療癒系統便會發揮作用，改善健康。

你的身體是一部精密的儀器，容易出現不知從何而來的症狀，其中一些是從他人身上吸收過來的。這些病痛有可能從身體的某處跑到別處。很不幸的是，傳統的醫生會把你誤診為疑病症。能量治療則會溫和地協助你的系統自我穩定下來，擺脫疼痛、憂鬱與焦慮。

萬一能量低迷，或是有慢性的生理或情緒症狀，我建議可以做能量治療。能量治療以溫和的方式，讓敏感人士更加鎮定、有活力。能量治療是我個人的關鍵自我照顧法之一。

────── **今日的自我喊話** ──────

我會考慮尋求能量治療師的幫助。為了達到最健康的狀態，我願意嘗試平衡身體的精微能量。

釋放恐懼

下定決心，過著以愛為本的生活，而不是恐懼。準備好對抗各種形式的恐懼，包括在逆境中想像最糟的情況。恐懼麻煩的地方，在於有的恐懼其實能幫助我們存活，但你也可能感染他人的恐懼，雪上加霜，最終不免疲憊不堪。

有一句話說：「恐懼是看似真實的不實證據。」想一想這句話隱含的真理。你滋養恐懼，恐懼才會成長。釋放恐懼，培養勇氣，你的情緒就會更堅強。

在日記中寫下你最害怕的五件事，例如缺錢或寂寞。接下來，決定放掉其中一件事，用肯定句來改變那個恐懼，像是「我會找到正確的工作。那份工作會帶給我財務安全」，或是「我會多和朋友聯絡，不再感到孤單」。即便你只是在「假裝」（這是可接受的第一步），這樣的心態轉變也會讓恐懼開始消退，不再緊抓著恐懼不放。

今日的自我喊話

我會用正面的結果，取代出於恐懼的想法。我將與神靈連結，感受到神靈支持我達成目標。

放鬆

　　隨著白日愈來愈長、氣溫回暖，放鬆一下，享受樂趣。放下憂心忡忡，去玩就對了。不一定要去擁擠的海灘或派對，敏感一族不一定能享受那種場合，就地找樂子就行了。這個週末不要煩惱任何事，享受你想做、但工作日沒時間做的活動，比如到大自然健行、玩飛盤，或是從事藝術活動。選定日子，以靈魂渴望的方式進行探索，將有助於身心健康。放下日常責任，關掉電腦，不看新聞，探索身邊一切美好的人生事物。

────────── **今日的自我喊話** ──────────

　　我將感覺靈魂獲得自由。我會打開自己的心，徜徉在喜悅中，不縮在恐懼中。我會放鬆地享受活著的樂趣。

萬物之道

生命循環，四季更迭。在不同的成長階段，你將體驗到各種變化。萬事萬物不會靜止不動，沒有事情是永遠不變的。然而，在這種轉瞬即逝的感受之下，是無底之底，是愛的力量，是令人心生敬畏、不斷演變的宇宙。

萬物之道是一道重大的謎題，但你可以仰賴自身的感受，隨遇而安。當你接受循環的神聖性，不再緊抓不放或者害怕，你知道一切都會沒事。

大自然的變化先於一切，這是萬物之道。愛是全知，愛是啟發。你要對愛的力量有信心。愛會讓你安全，帶你走向你目前最高的善，也會帶你走過這個階段之後的旅程。

───────── **今日的自我喊話** ─────────

我將留意支撐我的無底之底。即便感到害怕，那個底永遠存在。我會相信人生道路的智慧。

愛的戰士

我們內心都有一個強大的戰士。那個你，會為了心中認為對的事而戰，維護正義。共感人是愛的戰士。一旦我們下定決心運用自己的力量，我們將不再怯懦。共感是我們最強大的武器，我們希望為世間帶來理解。

每年的美國陣亡將士紀念日都落在五月底。讓我們以這個紀念日的精神，悼念死去的軍隊戰士，他們為了大我而犧牲生命。林肯總統在〈蓋茲堡演說〉中，心情沉重地形容這群英雄「奮鬥到最後一刻」。

你是共感人戰士，你要滋養心中的和平，治癒上戰場的你，如此能為世間帶來和平。讓我們以共感人社群的身分，祈禱有一天不再有戰爭；四海一家，所有人都能發揮人性中的善，寬恕彼此，抱持同理心。

—————————— **今日的自我喊話** ——————————

我很敏感，但也強如戰士。我敬佩自己內在的共感人戰士，也敬佩所有為愛挺身而出的戰士。我們是善的力量。

超越

　　你的小我讓你困於恐懼不安之中。你的大我卻很清楚你不僅僅是這樣。大我直通你的直覺與天地神靈。

　　每一天都試著超越內在的小我，超越日常生活的紛擾。冥想時，接收內心與四周的光與龐大的力量。如果負面的念頭干擾你，讓那些念頭像雲一樣浮在天上。專注於正面的思考，將協助你超越心中的小我。

　　別忘了，你心中有痛苦，但也有無窮的光。當你意識到，「我可以超脫煩惱，找到內心的平靜」，就能提升自己的境界，超越任何想讓你格局狹隘的人或情緒。

―――――――― **今日的自我喊話** ――――――――

　　我下定決定要超越自己的恐懼與小我，連結精神上的大我，在那裡找到力量。

放寬心

在正確的時刻放寬心是成功的祕訣。你會感到放手違反直覺，實際上卻能開啟道路，讓目標成真。放寬心的時候，一股美好的喜悅將湧過全身。這句話的意思不是什麼事都無所謂，而是既然做了選擇，那就順其自然，不要中途質疑自己。

想一想人生中有哪些事讓你心急，卻沒有結果。例如：計畫延宕了？你要兒子上大學，他卻不肯？傷口的復原進度比想像中更慢？接下來，選一件讓你沮喪的事，告訴自己：「我把這件事交給上天。我會停下腳步深呼吸，放寬心。」然後釋放你對成效的執著，改把注意力放在人生的其他領域，靜觀其變。

————— **今日的自我喊話** —————

我會隨遇而安，不執著，不硬逼。我會練習放手，不強求。

觀賞神聖藝術，提升心靈境界

世界各地的神聖藝術可以啟迪你、提升你的境界。神聖藝術的力量，超越肉眼所能看見的東西。先從古代的洞穴壁畫開始，讚嘆各種創作呈現的天地。不論是造訪馬丘比丘（Machu Picchu）等神聖地點、沉浸於博物館的展覽品，或是精彩攝影集帶來的驚喜，藝術可以帶來崇高的神聖感受。

我最近在某場演講開講前，有幸到密蘇里州堪薩斯城（Kansas City）的納爾遜阿特金斯藝術博物館（Nelson-Atkins Museum of Art），參觀一座有千年歷史的觀音像，高十幾英尺，由一塊巨大的樹幹雕刻而成。我和朋友在那尊觀音的腳邊冥想，感受觀音的慈悲祝福著我們。博物館的導覽員提到，民眾會不遠千里而來，只為了感受這座觀音像的治癒光環。這個例子示範了神聖藝術是如何提升心靈境界。

你對哪種藝術有感應？泥金裝飾手抄本？古老的靈性文本？大自然的照片？或是大師的作品，如莫內、梵谷、米開朗基羅、達文西？讓傑出作品帶給你慰藉與靈感。

———————— 今日的自我喊話 ————————

我會找出感動我、帶來靈感的藝術形式，定期讓自己接觸創造力帶來的正能量。

擊鼓的心跳聲

鼓聲提供一種原始的聲音，召喚你回到自己體內。我們在子宮裡的時候，母親的心跳是我們與聲音的早期連結。當你思慮過度或壓力大，重心會放在頭部，接著容易出現執著與恐懼的念頭，忽視身體的直覺訊號。參加鼓圈或聆聽鼓聲能讓你不再多想，穩住心神。

把鼓聲帶進生活中是一件簡單、有趣的事。你可以買一面小鼓放在家中。想要冷靜時，模仿心跳，敲出穩定的韻律。這個節奏代表：「沒什麼好怕的。我是你體內那個緩慢、真實的敲擊聲。」你的細胞會認出鼓聲的規律節奏。工作一整天之後，讓鼓聲用恰到好處的方式平衡你，或是單純享受鼓聲。

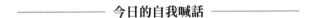

今日的自我喊話

我將實驗用鼓聲定神，找到與身體的自然韻律同步的敲擊節奏。

美洲豹冥想

　　動物是我們強大的朋友。你需要治療與保護時，可以召喚動物。在美洲的原住民文化中，動物療法能夠協助你連結獅子或蛇的靈。每一種動物各有你可以汲取的特定力量，例如獅子有勇氣，蛇具備原始能量與變形能力。

　　如果有人令你感到疲憊，或是情境帶來壓力，在你需要保護的時候，美洲豹是可以信任的盟友。你可以在那樣的時刻，嘗試以下的美洲豹冥想：

　　在安靜的地方深呼吸數次，找好一個放鬆的姿勢，閉上眼睛。每一次呼吸時，釋放腦中的念頭和一天下來累積的壓力。感到鎮定之後，請求美洲豹的靈協助你。在心中說：「勇敢高貴的美洲豹啊，我需要您的協助。」接下來，感受美洲豹進入你的房間。在心中想像這頭迷人的美麗生物，眼睛閃閃發亮，體態優雅，巡邏你的個人空間。只要你需要牠，牠就會保護你。你感到如此安全，而美洲豹是這樣忠實的盟友。結束冥想時，向美洲豹的靈表達感激之情，謝謝牠的協助。

────── **今日的自我喊話** ──────

　　當我需要保護，或是讓保護圈圍繞著我，我會練習美洲豹冥想，請求這位動物盟友的協助。

靈境追尋

靈境追尋（vision quest）是原住民文化中的成年禮。青少年會進入荒野，尋求幻象或夢境，引導他們進入成年期。目標是與神靈溝通，藉由禁食或祈禱進入那種狀態。這屬於一種單獨冥思的儀式。

你感到生活卡住時，可以來一場靈境追尋，再度與神靈連結。建議花一天或更長的時間，在山中、森林或沙漠裡內省。市面上有引導的相關課程，你也可以自行出發。

在這場儀式中，完全處於活著的當下。只帶幾件衣服和必需品，放下對物質的掛念。你可以完全禁食，或者只喝果汁，藉以淨化身體。

以莊嚴肅穆的心態從事這項神聖的活動。你的幻境將出現在清醒時刻或是夢中，揭曉關於自己的深刻事實。不論在哪種狀態下看到，都把它寫下來，記在腦海裡。回到塵囂之中，好好應用這樣的智慧。

--- **今日的自我喊話** ---

如果我需要釐清某個決定，或是人生某個方面需要引導，我會考慮進行一場靈境追尋，向至高的奧祕尋求答案。

正面的身體形象

　　你的身體形象會影響你的自尊心，以及自認的魅力值。身體形象受到多種因素影響，包括家人的看法、媒體的炒作與文化理想。你必須讓自己掙脫所有的洗腦，欣賞自己的外表。靠著改變外表增強自信，其實是一種錯誤觀念，一切端看你自己怎麼想。我治療過很瘦、但堅信自己過胖的患者，也遇過步伐輕盈、自認很性感的大尺碼患者。

　　你如何看待自己的身體，由你決定。我認為喜歡自己的外表很重要。強化正面身體形象的方法，包括減少接觸負面的媒體形象，比如以瘦如竹竿的模特兒或肌肉發達的運動員，代表某種誤導人的理想身材。此外，你要停止比較，做正面的自我談話。想吃得健康一點或減輕體重，這沒有問題，但是在減重的過程中，記得要善待自己。

───── **今日的自我喊話** ─────

　　我會講身體的好話，因為我知道身體聽得到我。我會把注意力放在自己身上就好，不去和別人做比較。

治療受苦的身體

你的身體承載著所有你感受過的痛苦經歷。這個「受苦的身體」是你能量場的一部分，包含所有累積的身體感受與情緒。

治療身體疼痛的第一步，就是先意識到身體在受苦。接下來，當你出現痛苦的念頭，或是小事引發你很大的反應，這是受苦的身體被啟動的徵兆。察覺這些徵兆是關鍵。所有的痛苦都是相互連動，例如腳踝受傷時，生性敏感的你小時候被人忽視的那種痛，突然間又跑出來。一件痛苦的事，有可能下意識引發其他一連串的痛苦。身體遇過的苦難，統統一起湧上來。

痛苦冒出來的時候，你要觀察自己。心靈導師艾克哈特·托勒（Eckhart Tolle）說過：「當你處於當下，受苦的身體將無法從你的念頭或他人的反應中吸取力量。你只是觀察這個身體，接著漸漸地，痛苦的能量便會消退。」

────── **今日的自我喊話** ──────

我感到痛苦時，我會用慈愛之心加以留意與回應。此外，我將專注於治療痛苦的源頭，練習把痛苦呼出體外，釋放痛苦。

我天生是共感人嗎？

有的嬰兒來到世上就是共感人。他們的共感力與直覺屬於先天的氣質，打從出娘胎就看得出來。這些嬰孩看起來像迷你版的佛陀，對光線、氣味、觸碰、人群、動作與噪音有著強烈的反應，自人生之始就具有共感人的氣質。

如果並非生來就是共感人，其他因素也可能讓你變成共感人，例如：身心被忽視或受虐等早期的創傷、被自戀或物質濫用的父母撫養等等。這種成長經歷會破壞孩童的健康防衛，使得他們在世上感到無依無靠、危機四伏。

所有的敏感人士都可能瘁癒。就算正向教養能協助你開發天賦，不是所有人都有幸擁有這樣的成長經歷，所以你必須學著疼惜自己，明白如何設立界限，好好利用本書介紹的自我安撫技巧。你可以透過正向的自我談話，以健康的方式教育自己，當自己的第二個父母。此外，也可以認乾爸、乾媽。有的人很慈祥，樂於助人，有著很強的母性或父性本能，可以好好照顧你。

—————— **今日的自我喊話** ——————

我會當我內在小孩的慈愛父母。此外，我選擇待在支持我的人身旁。他們令我感到安心且被接納。

減少刺激

當你感到負荷不了，有時必須減少外在的刺激。配合你的行事曆，時間可以是十分鐘，也可以是整個週末。關上門，把燈關掉，鑽進被子裡冬眠。或是找一個下午，看看電影，和動物朋友一起玩耍。不講話，不看新聞，把互動降到最低或是零。沒有壓力，也沒有太多干擾你的資訊，純粹享受自我陪伴的寧靜時刻。

這段把刺激減到最少的時間，將協助你重設生理系統。停機時間能減緩心跳，減緩新陳代謝，關掉戰或逃的壓力反應。你的身體開始製造腦內啡，這是天然的止痛藥，是一種讓你「感覺良好」的神經化學物質。你可以透過降低刺激，自我調節身體。空曠的空間、不排事情的時段，加上身旁沒有其他人或俗世的紛擾，絕對可以讓你恢復精神。

今日的自我喊話

我將留意自己何時接收到過度的刺激，藉此休息一下。有可能的話，盡量降低接收到的刺激，只暴露於自行選擇的外來資訊。

插手管太多

　　如果你感到除非親自動手，不然事情不會做好，那麼你就是過度管理了。管太多的徵兆是什麼？你不願意把工作分配出去，抓著細節不放，而不是大方向，也不相信別人能靠自己把事情做好，最後把自己搞得很累。此外，在辦公室或團隊的情境，你的行為將打擊到士氣，讓他人感到無能。如果另一半或家裡的事什麼都要管，別人一定會被惹惱或感到厭煩。如果你請你愛的人做一件事，接著又自己做，難免令人火冒三丈。

　　管太多是過度掌控人或情境的一種形式。若想改善人際關係，想一想：「為什麼我會管太多？」或許你來自一個失控的混亂家庭，平日負責維持家中的安寧和秩序，或是你曾經因為別人沒履行承諾而受害。

　　雇用訓練有素的員工，自然可以讓事業順利運轉，但你也要管理自己在工作或家中的期待，讓員工或家人清楚你的目標。告訴他們，你對他們有信心。當你把注意力放在人們最理想的特質，而非成天感到失望，便能鼓舞他人發光發熱。

────────── **今日的自我喊話** ──────────

　　我將留意自己過度插手管理的傾向。我會讓人們知道我對他們有信心，不再每件事都介入。

正念

　　正念是指把注意力集中在當下這一刻。在此同時，你承認身體的感覺、念頭與感受，不試著加以改變。不論是接受人生的本質，不去對抗，不試圖掌控或抱怨，都是正念的基本精神。你用仁慈的心看待自己，不苛求，也不用嚴苛的標準做比較。

　　從正念的觀點來看，認識並接受現在的自己，不去想未來，也不去想過去，才有建設性。研究顯示，練習正念冥想與心理健康有關。你得以在混亂的情境或逆境，以見證的心態靜下心來。抱持正念，你以慈愛的角度看待萬事萬物，包括你自己。

今日的自我喊話

　　我今日會練習正念。不論發生什麼事，專注於當下這一刻，和善地對待自己。

慈心的天堂

　　你可以在自己的生活中打造天堂，方法是每天在每次的互動中注入慈心。當然，有時你會陷入焦慮或恐懼不安，每個人都會這樣，但要隨時提醒自己慈悲帶來的祝福，以及慈心是如何化解每一件事，包括憤怒、恐懼，以及最痛心的事。慈心是天堂每天在我們身上灑下、閃閃發亮的仙女粉。記得敞開你的心，要能給予慈心，也能接受慈心。慈心是我最欣賞的個人特質，也會在身邊的人身上尋找這樣的特質。

　　練習以下冥想，把慈心導向自己（如果想送給另一個人，把「我」換成「你」就可以了）。

　　願我開心。

　　願我健康。

　　願我平安。

　　願我平靜，願我自在。

　　如果你能想像金光燦爛的天堂，你也能透過對待自己與他人的方式，在人間重現天堂。不論遭遇什麼苦難，不論過去發生什麼事，慈心能讓你不再受苦。

──────── **今日的自我喊話** ────────

我將在今日體驗慈心的天堂，沐浴在慈心散發的慈悲療癒力量中。

振奮人心的電影

我向來喜愛逃離世界一下午，跑去看電影。電影院讓我感到安全，可以遠離一切，沉浸在影片呈現的豐富及複雜人性之中。我可以感受到片中人物摸到的質地、聞到的氣味，同理他們遭遇的情緒考驗與突破。

當你感到過載，需要從日常事務中抽離，可以試著觀賞振奮人心的電影。選對電影，將溫暖你的心，重振你的精神。不論是上電影院或是觀賞線上串流，看電影是振奮人心的時刻。我最喜歡的電影是《欲望之翼》（Wings of Desire），講一名天使愛上馬戲團的高空鞦韆團員。為了娶這名女子，他放棄天使的超能力，化為人形。我喜歡的其他電影包括《第六感生死戀》（Ghost）、《與狼共舞》（Dances with Wolves）、《願與我為鄰？》（Won't You Be My Neighbor）、《魔戒三部曲》（The Lord of the Rings Trilogy）、《人魚傳說》（The Secret of Roan Inish）。你同樣可以發揮創意，把觀看扣人心弦的電影，變成愉快又能激發創意的自我照顧法。

─────── **今日的自我喊話** ───────

我會挑一部振奮人心的電影來看，暫時忘卻世上的煩惱，沉浸於聽故事、觀賞戲劇與喜劇的樂趣。

探索精油

敏感人士通常對氣味很敏感。高雅的香氣能帶來美好的體驗，濃厚的香水則令我們感到窒息。每個人偏好的氣味很不一樣，找出哪一種能療癒你。

芳療法利用萃取自植物的「精油」，幫助你放鬆，減輕焦慮，促進睡眠，安定身心系統。你可以深吸一口精油的香氣，或是搽在皮膚上、在洗澡水中加幾滴。精油萃取自花朵、香草與樹皮，讓植物產生香氣的細胞稱作植物「精華」。永遠要使用純天然的精油，避開人工合成油。

常見的精油有薰衣草、甘菊、尤加利、檸檬與薄荷，每一種各有不同的用途，舉例來說，薰衣草可以幫助睡眠與放鬆，薄荷能提神並消除沮喪。精油透過療癒健康的細膩特質，輕柔地治癒你的身體。

──────── **今日的自我喊話** ────────

我將試著使用精油，找出哪一種最能安神或提神，用心感受每種香氣帶來的愉悅感官體驗。

直覺與恐懼的差異

瞭解直覺與恐懼的差別很重要。可靠的直覺以中性、不帶情緒的方式傳達資訊，感覺對了，就像吃了定心丸，達到共鳴的效果。有時這樣的直覺出現時，你會感到超然，彷彿在戲院看電影。相較之下，恐懼是高強度的感受，通常會傳達過去心理創傷的批判訊息，比如「我不夠好」。

記錄你的前五大恐懼，找出哪些可能不是直覺。舉例來說，你可能害怕被拋棄或無法成功。我有的病患擔心自己受過太重的情緒傷害，無法維持健康的關係。但就如我告訴他們的那樣，即便受過很深的傷，依舊可以學著再次敞開心扉。

真正的直覺永遠不會潑你冷水，也不會強化消極的態度，永遠會支持你的最佳選擇與行為。

今日的自我喊話

我會練習辨別恐懼與直覺，信任鼓勵我走向最高善念的直覺。

機能不全的家庭

　　家是活生生的有機體。家庭成員的健康與行為，影響著家庭的整體健康。健康的家庭，讓人學會找出自己的需求與感受，也會接收到父母一致的慈愛訊息，而且這樣的家庭重視真誠。機能不全的家庭則缺乏明確的界限，缺乏溝通技巧，相互責怪，令人感到羞愧。這種家庭可能會有一名成員成為代罪羔羊，或是父母有濫用藥物或酒精的問題、情緒困擾與創傷等等。

　　如果你來自機能不全的家庭，明智的作法是接受每個成員都有不足之處，降低期待。你要和有害的行為設下禮貌、但明確的界限，避免被踩在腳下。此外，留意親人如何引發你的情緒地雷，選擇自己要如何回應。在家庭聚會上，保持冷靜的中立態度。如果有人試圖把你吸進負面的互動，比如拿你和妹妹比較，拒絕上當就對了。生在什麼家庭不是你能控制的，但你能主宰自己的行為。

────────── **今日的自我喊話** ──────────

　　我不會因為家人機能不全的互動，讓自己掉進情緒的漩渦。我會和親人設定明確的界限。修補家人的問題不是我的責任。

接受自己

　　敏感人士最能讓自己海闊天空的改變，就是練習接納自己。你要擁抱自己原本的面貌，包括你的長處，以及需要成長的領域。我們都是獨一無二的，世界上只有一個你。不要拿自己和別人比較，也不要為了取悅這個世界而試圖戴上面具。挪出一些時間放鬆做自己，不必假裝成別人。

　　接受自己是再美妙不過的感受。自我接受的意思不是停滯不前，不再進步。只不過是從真實的內心出發。天地神靈已經提供你在成長道路上所需的一切。如果你認為自己的某個層面「不如人」，你便知道你需要在這方面以慈愛之心練習接受自己。沒有人是完美的，人類就是因為這樣才有趣。

—— 今日的自我喊話 ——

　　我每一天都會更接受自己，欣賞自己的優點，對自己的缺點微笑。我將持續讓傷口癒合，不斷成長。

為敏感的男性喝采

美國在六月慶祝父親節，讓我們在今天替所有勇敢的敏感男性喝采。不害怕說出自己的感受，有辦法表達愛。有能力付出愛，也有能力接受愛。不害怕承諾，也不會在你需要他們的時候，害怕承諾或缺席。

男性的共感力賦予他們照顧人的能力，提供他人真誠做自己的空間，不加以批判。不過，共感男性一定要呵護自己的敏感天性，穩住自己，和負面人士設下界限，避免精疲力竭。

所有被罵過「娘娘腔」或是在孩童時期遭遇霸凌的男性，我替每個傷害過你、羞辱過你的人，向你致歉。那些害你痛苦的人，不過是害怕你的優點與寬大的心胸。你正在開闢的道路，讓世人獲得啟發。我感謝所有敏感的父親、祖父，以及每一位勇敢的男士，你們不害怕同時展露力量與敏感的天性。

―――――― **今日的自我喊話** ――――――

我會向生活中所有敏感的男性表達謝意，告訴他們，他們提供了很好的榜樣。

父親的教誨

　　有的靈性傳統相信，我們在進入此生之前，選擇了自己的父母，選中最適合協助我們成長的人。父母扮演的角色是教會我們各種事，從被愛與獲得照顧，到處理心碎與被拋棄的問題。當然，沒有人想要刻意選擇令人煎熬的父母，但從更高的層面來看，靈魂若要昇華，那正是我們需要經歷的考驗。

　　抱持以上的心態，花點時間思考父親教過你什麼。把日記分成兩欄：一欄是正面的事，一欄是痛苦的事。在正面那一欄，記錄你的父親是否為人正直、言行一致、展現毅力及愛人的能力？有的話，他如何把這些優點傳承給你？另一方面，你的父親是否不顧你的感受、傷害你、批評你，或是活在自己的世界裡？接下來問自己：「父親這些令人困擾的行為，教會我什麼？」你或許因此挪出更多時間陪孩子，或是避免批評另一半。不論學到什麼，讓這些經歷幫助你培養更多的愛、同理心和仁慈。

--- **今日的自我喊話** ---

　　不論我的父親是不是慈愛的人，我都會把他當作老師，思考我從他身上學到哪些事。我將運用那些心得，愛自己，並成為更好的人。

在夏月下冥想

今天是個特殊的夜晚，夏至的日光頂點即將來臨。善的力量、愛與熱情正逐漸增強，強力發送，今晚適合沐浴其中。抬頭觀看今日的月亮，把它看作是夏日訊息的使者，對著月亮冥想，期待新季節的到來。月亮知道夏天的腳步近了，低頭對著這個明亮的時刻微笑。

冥想的時候，順帶感受強大、但柔和的月光照在你身上，讓月光滋養你，帶走所有的疲勞。月亮因為充滿光的季節即將來臨，還有它即將走過的階段而興奮不已。我們也迫不及待自己即將發生的轉變。

─────── **今日的自我喊話** ───────

今晚我將凝視月亮，讓月光灑落全身。我在夏天即將到來的前夕，歡迎這個全新的季節。

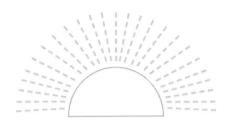

夏天

熱情、遊戲、豐富

　　夏天是最明亮的季節，協助我們感受自己發光發熱，熱情洋溢。人類通常以太陽與「火」這個元素來象徵夏天。

　　每件事似乎變得更輕盈、更夢幻，帶來更多感官的盛宴。天氣逐漸回暖，夜間的寒氣不再那麼重，空氣裡飄散芬芳的氣味。雛鳥離巢，展翅高飛。花園裡百花盛開，蝴蝶翩翩起舞。

　　夏季提供「玩耍」這份特別的禮物。共感人容易過度嚴肅，夏天邀請你放鬆一點。夏天是放假的日子，不用上學。你可以多一點笑容，少一點憂愁。也可以換上泳衣、夾腳拖或短褲。此外，打赤腳也是一種提振精力的「接地法」（請見 3 月 29 日）。離開人工的環境，在大自然待一陣子，也會讓人神清氣爽。少了手機、電腦或呼來喚去的煩人噪音，你將再次接收自然的韻律。

對共感人來說，夏季也可能帶來各種挑戰，太炎熱、太潮濕或光線太亮，都會過度刺激感官。海灘、公園和其他度假勝地可能人山人海，但我們不愛人擠人。

　　夏天象徵豐富與熱情。如同農作物正在成熟，你的目標也會有所進展。夏天是地球最靠近太陽的季節，夏至又是一年當中白日最長的一天，也是夏季之始，可以替你的個人與精神成長定調。在這個明亮的季節，享受夏日魔力的關鍵是做正確的選擇，好好照顧自己。

日光的頂點

　　夏至是一年之中白日最長的一天,日光到達了頂峰。在這段期間,你可以專注於散發內在的光。這是什麼意思?意思是,做最完整的自己,說出自身的需求,拒絕讓能量吸血鬼接近。發揮創意。去做自己具有熱情的計畫。告訴另一半你有多為他們瘋狂。歡笑,冥想,打開你的心,感受你的熱情,不要壓抑。與靈性的神祕力量連結,讓那種力量湧過全身,帶走一切恐懼,感受自己正在蓄積力氣。勇於運用你的力量,體驗這種感覺有多自然、有多美好。

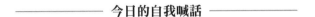

今日的自我喊話

　　今天,我會展現最閃耀的大我,全力發光發熱,也將看見每個人與萬物的光。

191

四處漫步

在日照較長的夏日，定期安排散步行程。四處走走是一大樂事，可以觀照自己的身體，讓想法天馬行空，不慌不忙，沒有壓力。不急著赴約，也不查看訊息。慢慢走，不同於健走這種高強度的有氧運動，也沒有健身的目的，而是把生理機制重設在較安定的韻律，穩定心神。漫步時，你吸進溫暖的夏日空氣，感受日光暖洋洋的撫慰，讓五官接收各種訊息。你看見什麼？感覺到什麼？聞到什麼？讓孩子的嬉笑聲感染你，盡情欣賞美麗的花朵、蜂鳥與蝴蝶。

─────── **今日的自我喊話** ───────

我會來一場奢侈的散步，以輕鬆的步調，慢慢感受一路上的景色、聲音與氣味。

喚醒心中的冒險家

我們每個人的心中都住著冒險家，這個冒險家渴望被喚醒。或許你已經忘記自己有這樣大膽的一面，或是這一面在這一刻之前都在冬眠。無止境的責任與不停工作會扼殺你自由的靈魂。

你心中的冒險家喜歡探索未知的領域，不想被嚴格的行事曆或成規綁住。喚醒冒險家的方法很簡單，只需要邀請他出現。在心中說：「我準備好見你了，我很興奮。」接下來，在冒險家出現時（他會出現的），問自己：「有哪些我一直想做、但一直沒去的事？登山？在海灘上堆沙堡？到西藏旅行？到加州麥沃瑞克斯（Mavericks）衝浪？跳探戈？」

與其阻止自己，找一堆那些事「不切實際」的「好藉口」，不如現在就去做。先從簡單的冒險開始，像是挑不同的健行步道、造訪沒去過的博物館。接下來，嘗試新的活動，拓展舒適圈。不用想太多，讓內心的冒險者帶路，恣意探索，樂趣無窮。

————— **今日的自我喊話** —————

我會認識自己內在的冒險者，聆聽他的想法，去做我感覺對的事。我永遠不會失去冒險精神。

跳舞

跳舞能讓人忘卻煩惱,專注於身體。如同所有理想的低衝擊有氧健身,跳舞能增進免疫系統、耐力、靈活度與心血管健康,還能改善人的心情,放鬆地嬉戲。

如果你感到放不開,可以嘗試一次跳一點點。溫和的起步方式是在家中有隱私的空間,簡單播放你喜歡的音樂,慢慢動起來。抬起你的手臂,伸展你的腿,甚至跟著節奏旋轉。跳舞的時候,深層的感受有可能湧上來,包括悲傷、沮喪或喜悅。此時繼續跳沒關係,釋放你的情緒,清理被壓抑的能量。

研究各種舞蹈,找出你的身體感到舒服的形式,如騷沙舞、性感的探戈等國標舞、尊巴(Zumba)。你可以跟著搖滾樂搖頭晃腦;自發性的狂喜舞蹈也可以,比如源自舞蹈家嘉布理·羅絲(Gabrielle Roth)的五韻禪舞(5Rhythms)技巧。跳舞會讓你更完整地具體表現自己,接觸內心之火。

───────── **今日的自我喊話** ─────────

我會用跳舞抗衡久坐的生活形態,不怕讓身體動起來。我會為了樂趣而舞動,感到自由,享受跳舞帶來的美好感受。

唱誦

唱誦是一種聲音的動態治療，吟唱禱詞能平衡你的系統，讓你超脫平日的煩惱，感受到大我與喜樂。瑜伽推廣到世界各地後，唱誦「om」等神聖的梵語字詞也流行起來。「om」的意思是「和平」，被視為穿梭宇宙的無聲之聲。

你可以自行唱誦，也可以聆聽錄音。如果是獨自唱誦，先從源自靈性傳統的咒語起步，例如代表「和平」的「om」與「shalom」，或是「Thy will be done」（祈求您的旨意能在人間貫徹）、「aham prema」（我是神聖的愛），更可以簡單念一句「隨它去」（Let it be）。在冥想的狀態中重複念咒，甚至容許自己唱出來。此外，也可以聆聽古老的額我略聖歌（Gregorian chant）或印度的祈禱音樂。

我享受科爾坦（Kirtan）表演。這是一種唱和式的音樂禱告吟誦。歌者會以神聖的字詞或故事開頭，聽眾跟著重複；有時也會搭配舞者、擊鼓，以及簧風琴發出的古老神祕之聲。聽眾通常會不自主地擺動起來，一起跳舞。只要不感到刺激過於強烈，和一群人一起唱誦，可以增強療效。

——————— **今日的自我喊話** ———————

我將探索唱誦這種活動，來平衡我的神經系統，排解壓力，在喜悅之中與靈修音樂連結。

四處走走

有時光是隨便散散步，就很舒服。不必朝任何特定的方向前進，讓直覺帶著你走。你會喜歡這樣的隨心所欲，簡單跟從直覺，順其自然。當共感人感到安全，一切盡在掌握中，他們享受自由自在地探索這個世界。

某些夏日清晨，我會離開位於威尼斯海灘（Venice Beach）的家，開始散步。我不知道會走到哪裡，這正是樂趣所在。我讓各種提示帶著我。如果在轉角看見一隻蜂鳥，就跟著鳥走。聽見遠方傳來碎浪聲，便朝著海浪走去。聞到焚香的氣味，那就尋找源頭。我從來不知道最後會遇到什麼，甚至不知道會碰到什麼人。

試著隨意走走，看是在附近的街區、公園、海灘、湖邊，或是市中心。你是自由之身，可以在世上自由地行動。如果能關掉手機更好。讓內在的聲音與偉大的奧祕引導你。

────────── **今日的自我喊話** ──────────

我將開心地四處走走，看直覺帶我去哪裡。我會留意身旁的路人，探索街區的點點滴滴。

生命之輕

　　如果你容易嚴肅過頭（許多敏感人士都會這樣），用以下的肯定語，再度與生命的輕盈連結。有必要就念一遍，不再感到那麼沉重。

> 我輕如鴻毛，
>
> 自由自在。
>
> 我很安全，受到保護。
>
> 如風奔跑。
>
> 我如同鳥兒般翱翔，
>
> 和蝴蝶一樣振翅，
>
> 我是天空，我是星辰，
>
> 我與宇宙同在。
>
> 我很感激。
>
> 我被看顧。
>
> 我能微笑。
>
> 我很平靜。

―――――― **今日的自我喊話** ――――――

　　為了鬆解長期的嚴肅感，我會重複念這段肯定語，同時和自己輕鬆的那一面，以及基本的靈性生命之輕保持連結。

平衡工作與玩樂

夏天是純真、放手與遊戲的時節。評估你的行事曆，看看如何巧妙平衡工作與玩樂，不要整個夏天都綁在辦公桌旁。你回顧一生時，大概不會說：「真希望那年的六月，我在週末花更多的時間工作。」找出你的優先順序。即便你有一份高壓的工作，許多行業的整體步調在這個季節自然趨緩，有的辦公室甚至星期五會提早下班。想一想如何休個半天或一整天。在日曆上把這些休假日標出來，特地挪出時間出去玩，會顯得比較真實。

夏天還令人聯想到放假。對敏感人士來講，定期遠離塵世的喧囂，具有修復的功能，否則有可能過勞、感到疲憊及應接不暇。如果你是內向的共感人，或許會喜歡到安靜森林裡的湖畔小屋靜養。如果是外向的共感人，你可能會被紐約、巴黎等令人興奮的大城市吸引，但也要定期休息，平衡緊湊的生活。你愈能平衡工作與玩樂，身體就愈會感激你。

―――――― 今日的自我喊話 ――――――

這個夏天將充滿樂趣與冒險。我會仔細研究行事曆，挪出時間從事好玩的活動，隨時放鬆一下。

夏天的衣服

　　夏裝的樂趣在於布料輕盈柔軟，敏感人士喜歡這樣的衣物。穿短褲、T 恤、清爽的棉洋裝、泳裝與夾腳拖，你會感到更自由、更涼爽。不過，有的衣服能增加自信，有的則會讓你感到不安，擔心旁人的目光。

　　天氣變暖之後，衣著也變得輕薄，蓋住身體的布料減少。有些共感人穿清涼的衣物，會感到過分暴露。如果穿泳衣（尤其是比基尼）、露出很多身體部位的短褲、無袖上衣或中空裝，會令你感到焦慮，寧可選擇穿來自在的衣物，比如飄逸舒適的材質。如果覺得彆扭，不必穿得太清涼。一件式泳裝、紗籠或寬鬆的卡夫坦長袍（caftan），也各有好玩的特色。此外，你可以採取各種保護策略來減輕焦慮感，像是運用本書分享的能量防護罩。

　　儘管夏天比較容易出現身體形象的問題，你可以把這個季節當成一個機會，挑選適合自己的衣服，不會有丟臉的問題，也沒有指指點點。

─────── **今日的自我喊話** ───────

　　我會挑選穿起來舒適的夏裝，不屈從於人們或社會的壓力，決定自己該穿什麼。我將停止替別人的身體打分數，也停止替自己的身體打分數。

允許自己關機

　　允許自己定期放下日常生活的重擔。我們太容易忘掉要這麼做，生活中有太多細節要顧。你等著水電工上門，專案要結案，還得去接孩子，待辦事項似乎永無止境。別試著做完所有的事，這樣太過累人，幾乎不可能天天做到，盡力就好。此外，即便有事情還沒完成，允許自己至少關機一小時。

　　按下暫停鍵，停工一陣子。在這段留給自己的時間，重新和自己、和夢想連結。允許你的想像如雲朵般懶洋洋地飄在天上，感受思緒與寬廣生命之間的空隙。你的身體一旦獲得定期關機的保證，知道可以休息並且放鬆，就會鬆一口氣。

─────────── **今日的自我喊話** ───────────

　　我將檢視行事曆，規畫定期放下責任與壓力的時間。這些令人謝天謝地的休息空檔，將增進我的幸福與健康。

叛逆一天

有時候，喚醒你心中的叛逆者，將帶來鬥志。這個你夠勇敢，勇於質疑根深柢固的假設，挖掘人生或世界中對自己有意義的真相，不去取悅他人。

今天，試著質疑權威，至少允許自己社交不正確或靈性衝撞一次，替自己挺身而出。如果你感覺某件事是錯的，那就抗拒社會規範。你可以怎麼做？不要每次電話一響就接，穿大膽的衣服，大聲唱歌，告訴朋友你百無禁忌的觀點。你要質疑生活中不容侵犯的信仰——那些「無庸置疑」的想法。打破一些規則。任何汙辱你敏感性格的內在或外在聲音，都要加以抗拒。你是共感人，拿出你的力量，你沒錯，沒什麼好道歉的。

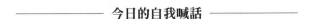

今日的自我喊話

我會讓自己叛逆，質疑我認為不對的事。我心中的叛逆者將點燃我自由的靈魂與熱情。

不再討好別人

你永遠希望別人開心？你經常把別人的需求看得比自己的需求還重要？你是敏感人，天生想付出。你試著替所有人赴湯蹈火，但這種傾向有可能變質，你習慣性地取悅別人。

希望別人好是一種寶貴特質，但是討好會讓你的關懷走向極端。這種傾向或許反映出你自尊低落、想迴避衝突，或是害怕不過度付出就會被討厭。也許你在成長過程中，把「討好」和「獲得認可」畫上等號，你試著靠討喜來得到愛。此外，你可能感到某個人的身心狀況是你的責任。討好型的人會壓抑自身的需求與情緒，過度付出自我。

改變這種模式的方法，將是先從拒絕小事做起。此外，即便你的看法和親友不同，照樣要表達你的觀點（先從比較不會情緒激動的議題開始）。勇敢說出想法，能幫助你建立自信。你不必永遠討別人歡心。做人真誠原本就是值得喜歡與尊敬的事。

────── **今日的自我喊話** ──────

我會留意自己討好他人的傾向，在「表達自己的需求」與「支持他人」之間找到平衡。

相互扶持與共依存症

我們和很多人一起生活在世界上。有的人待人真誠，和他們相處很愉快。其他人則比較難相處。記得要找到你會舒服的交流方式，和諧相處，彼此扶持，而不是變成共依存症。

互相扶持是指，在你的個人生活、工作，以及這個廣大的世界裡，你以健康的方式依賴他人。你們支持彼此，尊重彼此，一起做某件事，比如共同完成專案、扶養孩子、參加團隊運動，或是一群人去登山。

共依存症則是不健康的依賴，此時你關心他人的人生與問題的程度，高過關心自己。你因為擔心後果，不願意堅持自己的需求，或是不願設下明確的界限。

花一點時間記錄你的人際關係。哪些關係屬於相互扶持？哪些屬於共依存症？列出幾點具有建設性、你能採取的步驟，想辦法讓共依存的關係變得更平衡。舉例來說，不要那麼常關心某個人的狀態，立下明確的界限，或是放手讓別人從自己的錯誤中學習。接下來，逐一改造你的共依存關係，感謝與你相互扶持的人。

────────── **今日的自我喊話** ──────────

我將徹底檢視並治療我的共依存症問題，讓自己的人際關係變成健康的相互扶持。避免把心力都花在別人的人生。

慶祝自由

　　自由讓你自行做決定、生活圓滿，也能表達共感人的聲音。一旦脫離不健全的關係與負面念頭，你將獲得更多情緒自由。

　　今天是美國的國慶日，也是一年之中社交活動最豐富的一天，大家烤肉、野餐、參加遊行。雖然全國在今天大肆慶祝獨立，你可能需要放慢腳步，因為煙火秀、派對、熱浪與人山人海可能讓共感人感到「太多」。噪音、飲酒與喧譁聲，或許將超過你能忍受的程度。在這種時刻，動物和敏感人通常喜歡躲進室內，降低周圍的刺激。

　　今天要特別照顧自己。和親友一同享受美食、友誼與笑聲，或許會讓你樂開懷，但也可以選擇「對感官友好」的安靜活動，不看煙火，改成聽音樂會或參觀博物館。練習婉拒邀約或限制社交時間，就不會感到被困住。此外，也可以待在家欣賞電影，和寵物窩在一起、冥想、烹煮美味的餐點、聽音樂，或者單純休息。節日讓你有機會慢下步調，不慌不忙。

—————— **今日的自我喊話** ——————

　　我今天會好好照顧自己，明智地選擇使用精力的方式。我會慶祝擺脫負面的關係、情緒模式或受苦的情境，替自己的進展感到開心。

擺脫父母的負面聲音

孩童的大腦還在發育，非常容易受影響。許多孩子被父母的看法與批評的聲音洗腦，除非長大後自我療癒，拋掉不屬於你的看法，否則早期被灌輸的事，有可能跟著你一輩子。

你要「反洗腦」亂七八糟的話，讓自己自由。在今天寫下父母放進你腦中的負面念頭，以及你是如何內化那些聲音。寫下你想趕出腦中的前五大看法或聲音，例如「我有問題」、「小孩子不要講話」、「我令人失望」、「我的另一半和孩子就是欠罵，不罵永遠不會進步」。

接下來，深吸一口氣。這些破壞力強大的話令人痛苦，不要賦予它們力量。這些話都不是真的。告訴自己：「我永遠迎向愛。我不會讓父母羞辱我。我不讓那些批評我的話占據我腦中的精神空間。」對抗舊劇本的方法，是在日記裡寫下新的自我肯定，例如「我頭腦聰明，充滿愛心，性格堅強」與「我的人生很重要」。用愛的念頭，蓋過傷人的看法，協助自己脫離早期的洗腦。

——————— **今日的自我喊話** ———————

我不是我的母親。我不是我的父親。我會選擇正面的信念，不去相信父母向我傳遞的負面想法。

培養勇氣

勇氣能中和恐懼,帶給你克服障礙所需的力量與清醒的頭腦。勇氣會讓你直覺就進入最佳狀態,抵達大我的境界。這不代表你不會恐懼,而是即使害怕,依然勇往直前。

想著你仰慕的勇敢人士,鼓起勇氣,比如我會想著前南非總統曼德拉（Nelson Mandela）、金恩博士（Martin Luther King, Jr.）與達賴喇嘛。他們的勇氣支持著我。傳奇歌手瓊妮·密契爾（Joni Mitchell）提到她受大無畏的人吸引,我也是。你同樣能夠找出帶給你力量的人士。

回想你曾經拿出勇氣的情境。或許你跟從直覺,選了大家都勸阻、但你有興趣的工作,或是替有難的朋友挺身而出。也可以單純是你心情不好,但依舊提起精神去工作。所有拿出勇氣的舉動都很重要。持續培養勇氣,驅逐恐懼。天地神靈永遠與你同在,支持著你。

———— 今日的自我喊話 ————

我很強大,我有能力。對自己感到不確定的時候,我會祈禱自己能拿出勇氣,從勇敢的模範人物身上獲得力量。

別再責怪自己

　　我是精神科醫師，我知道人們有多嚴厲地要求自己。我的道教老師說，當你每一天都少責怪自己一點，就會出現靈性的進展。用溫和的想法逐步取代嚴厲的念頭，感激你擁有的一切，而不是煩惱還缺什麼。

　　我們都是尚未完工的作品。人類美好的地方就在於，我們做每件事的時候，都努力追求善與慈悲。善待他人往往比善待自己容易，這是人的天性。不過還是要努力每天都善待自己一點，譬如告訴自己：「這個情況很棘手，我做得很好。」或是「我今天慢慢來，因為我很疲憊。」過分嚴格對待自己，只會榨光精力。慈心將帶來奇妙的變化，振奮精神，以各種方式撫慰你的痛苦。

　　愛自己不一定容易，但這是值得努力的目標。疼惜自己會使你成為健康的敏感人，享受上天賜予的禮物。

―――――― **今日的自我喊話** ――――――

　　我會留意過分苛責自己的時刻，用愛輕輕轉移注意力，改而關注我做得好的事情。

聆聽雞皮疙瘩

冒出雞皮疙瘩是一種直覺。你的身體在說：「哇，這感覺對了。」或是「這讓我直覺感到不舒服。」永遠要留意起雞皮疙瘩的時刻。雞皮疙瘩是你對某件事出現強烈的正面或負面反應，這與動物的「戰或逃」反應有關，要你留意正在發生的事。

我在寫《正能量》這本書的時候，訪問過音樂大師昆西・瓊斯（Quincy Jones）。他表示：「我用雞皮疙瘩當標準。每次發生讓我真的很感動的事，我都會起雞皮疙瘩。那時我就知道走對路了。要能讓我起雞皮疙瘩，否則免談。」

留意起雞皮疙瘩的時刻，問自己：「剛才發生什麼事？這對我來講是什麼意思？」舉例來說，聽完一首動人的歌曲後，你可能起一陣雞皮疙瘩。我每次聽李歐納・柯恩（Leonard Cohen）唱〈哈利路亞〉（Hallelujah）都會那樣。此外，充滿壓力或造成恐懼的情境，也會引發雞皮疙瘩。把雞皮疙瘩當成直覺在傳遞重要的訊息，告訴你該怎麼做。雞皮疙瘩是你身體的智慧直接傳達訊息給你。

今日的自我喊話

我將留意起雞皮疙瘩的時刻，評估那是直覺在傳達什麼訊息。我會聆聽身體說話。

似曾相識

你是否曾經強烈感覺到，某個人帶給你很熟悉的感覺，即便從沒見過面？或是在某個場合，突然發覺以前碰過一模一樣的情境？如果有，這是一種叫「似曾相識」的直覺，來自法文的「déjà vu」，意思是「已經看過」。

訓練自己留意似曾相識的體驗。你有可能在見到某個人的頭幾秒，就感覺從前見過面。如果你很忙或心不在焉，很容易錯過或無視似曾相識的感受，但慢下腳步好好探索，會非常有意義。你可能遇到知己，獲得一輩子的忠誠盟友，什麼都能和他們聊，他們也會懂。另一種可能是你必須仔細留意某個特定的情境，例如，新事業或健康狀況需要做出最好的決定。留意似曾相識的狀況，會讓你更靠近生命的神奇之處。

──────── **今日的自我喊話** ────────

如果感到似曾相識，我會特別留意並檢視這個感受傳達的訊息，不會質疑自己想太多，也不會忙到無法關注這種體驗。

觀星

我最喜歡的夜生活是觀星，而不是去夜店或吵雜的餐廳。看著閃爍的大小恆星與行星，令人心生敬畏——有的距離我們數百萬光年。我從小到大都認為星星是朋友。由於我是敏感小孩，有時我寧願有月亮和星星作陪，也不喜歡和人待在一起。

你可能和我一樣也喜愛觀星，感受到夜空帶來永恆的感受。流星與流星雨（例如仲夏的英仙座流星雨）的魔力可以帶走壓力。此外，學習辨認行星與星座也很有趣。從仁慈的木星到神祕的昴宿星團，觀賞夜空可以獲得無盡的驚奇感受。古文明會向天空致敬，配合月相、太陽與至點等方位來蓋建築物，像是埃及的金字塔、秘魯的馬丘比丘。

物理學家霍金（Stephen Hawking）說過：「記得仰望星空，別低頭看腳。」凝望天空吧！明白自己不過是宇宙裡的一粒塵埃，將能體驗到存在的深度。

今日的自我喊話

我今晚會觀看星星，不限時間。我將深呼吸，感受浩瀚的宇宙。

保持涼爽

共感人對溫度與強烈的光線很敏感。夏天的熱度與明亮的陽光，有可能引發你一些反應。炎熱的氣候帶給某些人活力，有的人則感到疲憊，有時甚至達到熱衰竭的程度，讓頭腦昏昏沉沉。

如果夏天的熱度、刺眼光線與濕度讓你精力下降，就擬定自我照顧的計畫，保持涼爽，盡量不在陽光下曝曬。實驗各種方法，例如戴帽子與太陽眼鏡，穿質地輕盈的白色衣物反射熱度（深色則會吸熱）。多沖冷水澡也有幫助。到游泳池、湖泊或海裡游泳，既能運動，也不會那麼熱。室內可以開冷氣。沒辦法的話，拉好百葉窗與窗簾，白天就不會那麼曬。每天至少要喝五杯水（每杯大約二百四十毫升），少喝會脫水的飲料，如過量的咖啡。此外，冷飲與冷食也能讓你保持涼爽。

────── **今日的自我喊話** ──────

如果熱度讓我不舒服，我趁著夏季聆聽身體的需求，思考如何照顧自己，保持涼爽。

與植物溝通

許多原住民文化相信，大自然中的萬物皆有靈，包括植物在內。我們必須尊重植物。有的敏感人是植物共感人，有辦法與樹木、灌木、百花與大自然裡的各種生命溝通。如果你也是，有可能接收到很多訊息，甚至感受到植物的生命力與需求。

找時間和成長中的綠色植物或鮮花共處，欣賞它們的美，打開你的感官，感受它們的精華。植物會散發喜悅，甚至是狂喜。許多原住民文化崇尚植物醫學，包括植物的藥用功能及撫慰精神的特性。

當你坐在或站在植物旁，找出你直覺感受到什麼。輕輕把手掌擺在樹幹上，感受樹木的穩重。觀察樹木的枝葉如何隨風起伏。樹木與植物會隨著氣流嬉戲舞動，唱出自己獨特的歌曲。它們的流動與生命力帶有療效。仔細聆聽植物施展魔力，在森林、花園與野外，它們無所不在。

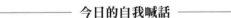

今日的自我喊話

我會尊重樹木、植物與花朵，關照大自然的世界，感到神清氣爽。

海洋與潮汐

敏感人通常會受海洋吸引，你可能也是。海浪的原始聲音令人感到心安，在你的靈魂深處震動。我們的地球有幸擁有各種美好的水體，支撐地球上的生物。

當你精疲力竭，或是需要平撫心情，可以去看海，吸收海洋中有益健康的負離子。有的人很幸運，就住在海邊。如果你身處內陸，可以透過照片、錄音與影片，享受海洋令人心曠神怡的美景與聲音。

海洋富有韻律的潮汐起伏，來自月球的引力。一天有兩次高潮、兩次低潮。當你放慢步調接收直覺，可以感受到潮汐的力量。你擁有敏感的天賦，很容易就能做到。感受海洋古老的美妙律動，可以讓你恢復精神。

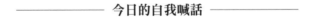

今日的自我喊話

我會到海邊提振精神。海浪與潮汐的療癒能量將補充我的活力。

213

夢境共感人

我十分喜歡進入夢鄉，因為在夢裡，我可以完全活在當下，不會想著過去或未來；醒著的時候，我容易想太多。夢裡則不存在正常的時間，我們被帶進非線性的直覺狀態，原住民文化稱之為「夢時光」。

我從小就是夢境共感人，永遠受到夢的吸引，每天醒來後都會詳細記錄夢到的內容。或許你也是這種類型的共感人，對自己接收到的訊息深感興趣，也可以接受訊息提供的人生指引。

夏天是記住夢境的好時刻，空氣中瀰漫著一股魔力。莎士比亞在作品《仲夏夜之夢》（A Midsummer Night's Dream），已經把這件事搬上舞台，以喜劇的方式呈現年輕的情侶與演員被林中的仙子施展魔法。

如果想記住夢境或解夢，可以參考本書 3 月 30 日的指示。每天記錄你的夢，持續一星期，藉此訓練自己回想夢境。

―――――――― **今日的自我喊話** ――――――――

我會從夢中獲得引導。夢境提供的答案，能夠協助我深入理解我的日常生活、健康狀態與自我照顧。

來點巧克力

　　巧克力可以迅速轉換與提振情緒，增加血清素這種身體的天然抗鬱劑，阻止你陷在負面的念頭裡。此外，吸收到別人的情緒或壓力時，巧克力也能提振精力。

　　你選擇的巧克力會產生不同的效果。黑巧克力含有較多咖啡因，有可能過度刺激，但所含的糖與乳製品成分較少。牛奶巧克力則添加奶類與精製糖，有可能導致發炎。

　　有機的生可可是很好的巧克力替代方案。可可被視為超級食物，含有大量的植物鐵與抗氧化成分，沒有人工甜味劑。可可則來自原生豆，加熱後可製成巧克力，但許多營養也跟著流失。

　　少量的巧克力或有機可可（大約一到三塊，或幾顆可可粒）對敏感人是很好的能量提振食物。過量則可能導致體內一下子血糖飆高，一下子低血糖，因而感到疲憊。結論是壓力大的時候，可以吃巧克力或可可犒賞自己，穩定情緒，不過一點點就好。

────────── **今日的自我喊話** ──────────

　　我疲倦或易怒時會吃一點巧克力或有機可可，穩住身體狀況，但避免人工合成的加工糖。

按壓太陽穴

如果感到焦慮、疲倦或壓力大,可以養成按壓或按摩太陽穴的習慣,釋放壓力,穩住心神。這個簡單的技巧可以放鬆顱肌,減輕頭痛,增加該區的血液循環。此外,還能打破情緒痛苦與過載引發的強迫性思考、心中的碎念與恐懼。方法如下:

上床睡覺前,或是在一天中的任何時刻,深呼吸幾次,讓自己鎮定下來,意識專注在身體上。接下來,用兩、三指擺在兩側的太陽穴上,也就是位於臉部的兩側、眉毛與髮際線之間的地方。施予輕到中度的壓力,依你的舒服程度而定。按摩太陽穴是在輕柔地讓自己恢復活力。深吸一口長長的氣,吐氣,享受這個體驗。

──────── **今日的自我喊話** ────────

為了照顧自己,我將養成按壓或按摩太陽穴的固定習慣,讓自己放鬆並凝神。

駕馭你的意志力

意志力經常受到批評。當然，離開你的大腦，進入你的心，通常是明智的建議，但意志力也能讓你堅忍不拔，戰勝朝你襲來、即將壓垮你的負能量。在那樣的時刻，像一把刀集中意志，告訴自己：「我有能力擊退這個威脅，它傷不了我。」如此一來，意志力將成為你的盟友。

勇氣來自你的心，但也來自你的頭腦。你可以同時從兩個方面召喚勇氣，驅逐其他人或世上的負能量與壓力。聚精會神可以讓你變成鐵氟龍這種不沾的物質，不論是冷言冷語、批評或有毒的能量，都近不了你的身，起不了作用。學著駕馭意志是敏感人的基本工具。

————— 今日的自我喊話 —————

我將培養強大的意志與心理，成為平衡的共感人。我會在必要時刻動用意志力。

營養

營養有很多種形式，不只出現在你吃的食物，也存在於你聽什麼、看什麼，以及你的朋友是什麼樣的人。在所有的層面上都要留意，自己究竟把什麼帶進體內。

身體營養的意思是藉由飲食、運動與充足的睡眠，好好照顧身體。此外，定期按摩與其他類型的身體治療，如靈氣療法或針灸，也能釋放鬱積在肌肉裡的壓力與情緒。

在情緒的層面上，其他人的關懷與正能量、有如大家庭般的友誼，都能滋養你。此外，營養也來自內在。你愈明白腦中上演的那些可怕故事大都不是真的，就愈能感到心安。

精神的滋養來自連結你的心與崇高的力量，還有汲取慈愛的源泉。冥想將協助你加強這樣的連結。

今天問自己：「我可以做哪些事滋養自己？」接著選擇一項行動，如休息、冥想、與好友共度時光、到大自然散步。學著滋養自己是自我照顧的關鍵，你的精力與舒適度都會增加。

────── **今日的自我喊話** ──────

我將每天滋養身心靈，吸取正面的力量與慈愛，堅強起來。

腦中的事讓我好累！

你有可能沉迷於引發壓力的負面念頭，很難不去想那些事，強迫性地不斷重複想著它們，一天之中不斷在腦中一次又一次播放。這種事很累人！因此你必須插手接管。

煩惱是自己引發的痛苦。不要讓腦中的念頭決定你是如何看待自己和這個世界，因為那不是真的。你一定要問自己：「如果我知道這些念頭不是真的，我的人生會產生什麼變化？」花時間寫下答案。如果你繼續相信這些念頭帶來的錯誤訊息，你大概會又累又不快樂。你要接管那些念頭，告訴它們：「你們只是幻覺母體中的虛構事物。我可以看穿你們，看到真正的事實與理解。」如同披頭四的約翰·藍儂（John Lennon）所言：愛是唯一的現實。我們必須專注於那樣的現實。趕走對你大呼小叫的嚴厲聲音時，心中請默念「愛」這個字。

────── **今日的自我喊話** ──────

我不會讓腦中的念頭害自己精疲力竭或被貶低。碰上壓力與阻礙時，我會慈愛地對待自己。

石頭觀想

如果感到感官超載或思緒飄散，練習以下的觀想凝神靜氣：

深呼吸數次，放鬆身體。如果有念頭來干擾你，持續深呼吸，讓那些念頭有如浮雲飄散空中，不牽掛它們。讓呼吸的韻律協助你完全進入自己的身體。

想像你走在壯觀的紅岩峽谷中，四處是大大小小、奇形怪狀的石頭。有的岩石已經走過數千年的歲月，強大、散發著智慧、無所不在。今天是美好的一天，氣溫宜人，剛好適合穿梭在這個迷人的地方。留意引發你關注的特殊岩塊，把手掌或全身貼在上面，感受石頭傳來的力量，穩住你的精神。你也可以坐在大圓石上，感受石面結實、溫暖、牢靠的質地。讓這片峽谷之中所有的天然奇石，以及它們堅如磐石的生命力，帶你回歸中心，接觸最澄明的高我。

—————— **今日的自我喊話** ——————

當我想穩住自己，我會觀想處處是奇景的紅岩峽谷。我隨時可以造訪那片天地，它永遠歡迎我回歸。

養蝴蝶

飼養帝王斑蝶，看著牠們令人興奮的蛻變，帶給我很大的樂趣。牠們先是胖胖的毛毛蟲，接著分泌出液體物質，變成一個個迷你的綠色蝶蛹，上頭帶有一串金珠。再來就是令人驚嘆的新生。

夏天是飼養蝴蝶的理想時間。很簡單，向苗圃購買乳草，放在戶外。帝王斑蝶會自己找上門。乳草是帝王斑蝶的毛毛蟲唯一的食物。我把乳草放在有紗網的大型容器裡，一開始先打開容器，吸引成年的帝王斑蝶上門產卵。接著便關上門，看著迷你毛毛蟲很快地孵化，開始吞食葉子，愈來愈胖。接下來，毛毛蟲變成了蝶蛹，兩星期後，發育完全的帝王斑蝶會破繭而出。剛蛻變的蝴蝶需要幾小時，翅膀才會乾燥。最後，我會把這些可愛的生物放生；牠們向天空展翅高飛，完成天命。

蝴蝶也象徵我們人的蛻變，在基督教則象徵復活。美洲原住民則認為蝴蝶代表改變與希望。你可以飼養帝王斑蝶，感受蛻變的精神，也可以純觀賞，學習蝴蝶的美麗姿態。

今日的自我喊話

我將思考蝴蝶的象徵意義，讓蝴蝶的自由自在與蛻變旅程帶來啟發。

定義你的個人空間

我們每個人都有無形的能量界限，決定著我們的舒適程度，所謂的個人空間就是這麼一回事。當個人空間被闖入，你會感到疲憊或焦慮。尊重這個空間能讓你免於無法負荷的感受，吸收不想要的情緒或感受。

畫定你的個人空間，避免吸進人們身體或情緒的壓力。想一想你在與人講話或是身邊有人的時候，距離多少感覺比較好。你需要的個人空間可能視情況而定，你的成長方式與身處的文化也會有影響。我在機場或等候室等公眾場所的理想距離，大概是六十公分。如果是朋友，大約是一半，也就是三十公分。你需要多少個人空間？怎麼樣才會感到舒服？這是認識自己的重要資訊。

--------- 今日的自我喊話 ---------

我會找出在不同的情況下，理想的個人空間各是多大。我會盡量維持那樣的大小，讓自己感覺舒適。

講個不停的人

你是否曾經在聚會上被困住，有人一直跟你訴說他的人生故事，滔滔不絕，講個不停？這個人甚至不需要停下來喘口氣，你一句話也插不上。你顯然坐立難安，但這些人看不懂非口頭的暗示。敏感人通常會過度禮貌，不想冒犯別人。你可能也很有禮貌，忍受長篇大論，事後卻感到疲憊不堪，需要小睡一下。

找出生活中永遠講個不停的人。那個人是你的岳母、婆婆、朋友、同事或美髮師？找出哪些人有這樣的傾向。留意他們通常在哪些場合會抓著你不放，要你聽他們講話，如家族聚餐、午休時間或打電話給你的時候？

你要奪回主控權，躲開長舌婦、長舌公的埋伏。你可以微笑告訴對方：「抱歉我得打斷你，我下個約會要遲到了。」我常用的另一個禮貌的脫身藉口是：「不好意思，我得去一趟廁所。」不要當受害者。你有權與愛講話的人設下界限。

—————— 今日的自我喊話 ——————

我會練習和善地打斷講個不停的人，保住我的精力，不被連珠砲攻擊。

愛小題大作的男男女女

有一種人會讓你很累。他們表達喜怒哀樂的方式很戲劇化，沒什麼大不了的小事，到了他們嘴裡都會變成危機。這種人有什麼特徵？他們的講話方式通常是：「喔，我的天啊，你不會相信剛才發生的事！」如果主管沒立刻讚美他們的工作，他們會瘋狂告訴每個人自己就要被開除了。這種誇大的講話方式會讓你感官過載，疲憊不堪。

永遠不要詢問愛小題大作的男女過得好不好，你不會想知道！一旦他們又開始了，深吸一口氣，穩住自己。你如果認真注視他們的眼睛，他們便會講下去，所以要避免眼神接觸，下意識地暗示你很忙。如果是工作或聚會的場合碰到這種人，可以運用身體語言暗示：「我沒興趣。」刻意不讓身體朝向他們，不鼓勵進一步的互動。

--------- **今日的自我喊話** ---------

萬一碰上愛小題大作的人，我會多做幾次深呼吸，穩住自己。我要如何回應這種狀況，由我決定。我不會助長他們的小題大作。

持守空間

當你關心的人遭遇困難或表達開心之情，此時替他們持守空間（hold space）是一種美好的技巧，意思是你選擇百分之百地專心，與他們同在（不要替所有不順的人做這件事）。你的心是安定的：不過度介入。你不想著如何改變他們，也不想著如何替他們解決問題。你不專注於自己（有可能被挑起）的情緒，用關愛看著他們，用你的心聆聽，替這個人守住一個沒有批評的正向空間，讓這個人**做自己**。

持守空間是一份你能送出的禮物。我通常會替父母與朋友做這件事。你營造慈愛的氣氛，從自己延伸到他們身上。永遠別低估替人持守空間的力量，這是深度治療的工具。

────────── **今日的自我喊話** ──────────

我今天會替某個人持守愛的空間，完全與他們同在。

我是否不只是肉體？

線性的想法認為，肉體與物質的世界就是一切。然而，從靈性和能量的觀點來看，你遠遠不只是肉體凡胎的自己。我們的本質就是能量。在你的靈魂旅途中，你在生活裡培養的善行、善念將永遠伴隨著你。

我相信活著的主要目的是靈性成長。這個世界只不過是靈性成長的地點之一──還有很多其他的地方。我們愈是處理恐懼、想辦法離苦，就愈是洋溢著喜悅。

你的靈魂是永恆的。此生之外是什麼？我的道教老師說：「靈魂的修煉會持續下去。」如果你運用直覺，感受自己的靈魂與宇宙的廣大無邊，就能知道你的修行將超越時空，進入至高的境界。

────── **今日的自我喊話** ──────

我知道我不只是肉體而已。我將運用直覺，感受自己的靈魂有多麼寬廣，達到了永恆。我將感受到自己的存在廣大無邊。

人間學校的目的

　　我認為人間是一所學校，我們的靈魂有機會在這裡以肉體的方式修行，趁機治療貪嗔痴，學習在逆境中帶給自己力量。佛陀說：「生即是苦。」此生也是一個機會，學著用慈愛面對自己的苦難，對他人抱持同理心。每個人都盡力了。我們都有自己要面對的挑戰。

　　人間尚未脫離矇昧，同時有光明與黑暗。我們可以利用自我療癒的鍊金術超越苦難。當你下定決心打開你的心，接受你的共感天賦，你就會成為鍊金師，治癒自己陰暗的一面，包括你的恐懼。世上會發生不好的事嗎？當然會。然而，你可以帶來更多光，帶來深層的療癒，避免陷入恐懼。開發共感力，相信善的驚人力量，就能改變自己與世界。

─────── **今日的自我喊話** ───────

我會把一生的遭遇當成在世上的修行，變得更慈愛、更有智慧。

克服阻礙

阻礙是人生的一部分。你如何處理障礙，將決定克服這些挑戰的難易度。幸福的關鍵是學著在處理路障時，不緊握雙拳，死命掙扎。

遇上險阻時，拿出禪的精神，硬闖不是辦法。與其試圖強迫或抗拒，不如後退一步與呼吸，專心想一想問題出在哪裡，你必須採取哪些行動來解決。人生不免碰上絆腳石，這是在提醒你要清醒過來，留意發生了什麼事。

障礙隱藏的意涵終將對你有益。舉例來說，被拒絕可能是神靈在保護你，讓你不必遭遇痛苦的情境。如果感到太累、病得太重，無法完成目標，這是你的身體在說：「請照顧我並休息。」碰上僵局時，永遠問自己：「這對我來講是什麼意思？要我拿出勇氣，找到新的解決辦法？還是停下腳步、重振旗鼓的時間到了？」你的直覺會建議最好的處理方式。

─────── **今日的自我喊話** ───────

我會把阻礙當成老師，問自己：「我能從中學到什麼？」障礙是提示我的線索，要我聽從直覺，找出正確的行動（或不行動）方案。

靠睡眠恢復精神

　　人生有一條簡單、但重要的準則，那就是累了要休息，即便是小睡片刻也能恢復精神，避免耗盡體力。如果不給自己這些小小的中斷，有可能感官超載與過勞。你可以珍惜每一刻，但生活很耗能，日常生活有各種壓力，你需要定期修復自己。

　　睡眠可以讓身體恢復力氣。莎士比亞筆下的馬克白稱之為「生活盛宴的主餚」。睡眠和氧氣、食物與水一樣不可或缺。睡覺時壓力會退去，新陳代謝變慢，感官安靜下來，身體開始自癒。睡眠會讓大腦的情緒中樞充電，增強記憶力和學習能力，提振你的情緒。此外，睡眠還能讓你保持青春，皮膚細胞再生，修復老化與紫外線帶來的損害。

　　獲得充足的睡眠是必要的自我照顧。瞭解自己的身心極限，避免疲倦與過度刺激。休息不代表放棄，只是喘息一下，讓腦袋清醒，重新獲得活力。

--------- **今日的自我喊話** ---------

　　我將規畫更多高品質的睡眠，在忙碌的一天中，安排簡短的午睡時間。我是自身精力的神聖守護者。

信仰善

善包括做一個好人與行善。你為人和善,以健康的方式給予,也透過自我照顧善待自己。永遠堅信愛的力量,是我們最受啟蒙的特質。

善非常吸引我,因為善是純真、開放與脆弱的狀態。善人為人正直。當你重視善,有你在,他人會感到真誠、安全與療癒。不過,善人並非天真。善人有意杜絕傲慢與貪婪,不傷害他人,也不傷害地球。如果你把善放在重要的位置,即便收入不如人,也不會認為自己比靠手段「成功」的人矮一截。為惡將帶來很大的因果報應。道教老師告訴我,最崇高的目標就是做一個好人。

───── **今日的自我喊話** ─────

我會重視我自己與他人的善,善是崇高的特質。我所有的決定都不會違背公義的原則。

體驗樂趣

　　今天把注意力放在探索樂趣上，有能力感到美好，讓正面的感受、想法、美和愉快的體驗進入心中。沉浸在痛苦裡，有時會比專注於樂趣容易，因為你早期的人生已經形成那樣的模式，但是這一刻，你要專注於開心的美好事物。

　　夏天的樂趣包括白日較長，有更多的玩耍時間，人也比較放鬆。深吸一口花香，夜來香、玫瑰或任何香氣明顯的花朵都可以。看著蝴蝶、蜂鳥或螢火蟲。散步時，讓微風輕撫你的身體，觀賞色彩繽紛的夕陽。晚上，觀察夏日天際的月亮優雅地變換樣貌。探索這個季節的樂趣所在，在隨興所至的夏日嬉戲中感到快活。

─────── **今日的自我喊話** ───────

我今天將專注於探索樂趣。我會發現不同種類的樂趣並陶醉其中。

歡笑

　　笑是良藥。笑對敏感人士來講特別有益，因為我們通常處於過度認真與緊張的狀態。我替許多患者開的處方是大笑。從身體層面來講，笑可以減少肌肉緊繃，釋放壓抑的負面感受、焦慮與沮喪，提升免疫反應，增加體內天然的止痛劑——腦內啡。從情緒層面來講，笑能讓你脫離緊張、恐懼與擔心，體會活著滑稽、荒謬的一面。記者諾曼・卡森斯（Norman Cousins）首創用笑來擊退病魔。他治療嚴重關節疼痛的方法，就是看《我愛露西》（*I Love Lucy*）等電視喜劇節目，每天笑個十分鐘。當你發現好笑的事物，便能從大腦理智的運作進入心的自然反應，鬆一大口氣。

———————— **今日的自我喊話** ————————

　　我今天將在日常生活中尋找會讓人微笑的事物，或是看一部有趣的電影。暫時放下憂慮，允許自己開懷大笑。

找回玩心

你有許多面都值得獲得滿足感。我們平日主要展現大人的一面，朝著目標前進，為了繳帳單奮發向上、上班、培養人脈，這些事都可能帶來滿足感。

然而，不論實際年齡是多少，你的內心依然有個喜歡玩耍的可愛孩子。這部分的你要是被封住，人生會很無趣。

在今天邀請你的玩心現身。可以看著自己仍是小女孩、小男孩時代的照片，喚醒這個回憶。即便你就要四十歲、五十歲、六十歲……，這樣的玩心仍然存在你心中。冥想或寫日記時，問心中這部分的你：「你想如何表達自己？你想到公園或海邊休息一下？你喜歡製作首飾或畫畫？游泳呢？」仔細聆聽回應，記在日記裡。釋放玩心，讓自己大笑，享受樂趣。

—————— **今日的自我喊話** ——————

我不必永遠都要當大人，過分嚴肅對健康有害。我會邀請心中的孩子出來玩耍，無憂無慮一段時間。

變年輕

不論幾歲，活力充沛是上天的恩賜。雖然活力一般是年輕人的專利，我有數不清的患者才三、四十歲，就因為把自己逼得太緊而精疲力竭，但也有七十多歲的患者感到神清氣爽，表示一輩子沒這麼好過。

不論是少壯時期或年長的歲月，自我照顧是保持年輕的祕訣，而且永不嫌遲。你選擇的生活形態，將影響身體的健康。每天花多少時間睡覺、運動、冥想，以及吃多少健康食物，都會帶來很不一樣的感受。至於情緒方面，你的態度也很重要。記得要專注於當下，別胡思亂想，成天害怕變老或擔憂未來的事，自己嚇自己。

任何年齡都可能精力下滑。反制之道是留意心中的火，也就是多數人沒聽過的「昆達里尼能量」（Kundalini energy）。在冥想或安靜的時刻，想像這團火從尾椎升起，感受火苗恣意燃燒帶來的溫暖與力量，在你的背部自由向上流動。沉浸於這股感受。那是你的基本生命力，在任何年齡都能帶來活力。

—————— **今日的自我喊話** ——————

我將專注於感到健康與樂觀，點燃體內之火，感受生命力愈來愈旺盛、愈來愈強勁。

感覺被看到

許多敏感的孩子都覺得父母、老師或家人看不見他們。他們的敏感天性沒被當成寶貴的獨特能力，反倒被視為不正常。許多敏感人小時候曾被斥責「臉皮厚一點」或「堅強一點」，好像具備共感能力是你有問題。

另一方面，真正感覺被「看」到，則是令人感到海闊天空。這裡的意思是其他人完全接受你這個人，不批評、不責備，也不貶低。我在進行心理治療時，關鍵療法是「看見」患者。當你被看到，真正的看到，你會鬆一大口氣。你不必改變，也不必用不同的方法做事。你就是你，不必感到抱歉。你接受自己的天賦，也接受需要成長的地方。被無條件地接受是十分美好的感受。

———— 今日的自我喊話 ————

我今天要用慈愛的眼光看自己，也和能看見我的人共度時光。

少量的人際相處

我喜歡與人相處，但通常少量就好。我比較喜歡只有一、兩人的小型聚會，不愛跟一堆人混。弄清楚你最理想的社交時間，以及你需要多少安靜時間，將能提升你的生活品質。

允許自己限制社交的時間。明確說出你的需求，比如，「如果這個週末你能過來喝一、兩個小時的茶，那就太好了。」讓朋友明確知道當天會是什麼情形。如果是很熟的朋友，你也信任他們，可以直接告知：「我是共感人，我很開心能見到你，但我聚會一段時間之後會很累。」如此一來，如果你提早走，朋友就不會覺得自己是不是做錯了什麼。明白告知還有一項額外的好處：你和對方分享更多真實的自己。

———————— **今日的自我喊話** ————————

我允許自己短時間與人相處，不強迫自己社交，以我感到舒服的時間長度為準。

留時間給自己

今天問自己：「我的自我照顧需求是什麼？我如何能做到？」接下來，傾聽內心的聲音，照你聽到的去做。若能真正聽進自己的心聲，你能做最好的自己。每當你不願意花這樣的時間，隨時默念以下的肯定語：

有自己的專屬時間是在滋養自己。

我不自私。也不自利。

我是在照顧自己。

我需要安靜。我需要休息。

我需要浸在水裡或靠近水邊。

我需要擁抱。我需要營養的食物。

我需要冥想。我需要歌唱。

我需要分享愛。我需要給予。

我需要睡眠。我需要祈禱。

謝謝天地神靈傾聽我的需求。

—————— 今日的自我喊話 ——————

我會找出自己的共感需求，並予以尊重。每天的需求可能不一樣。我會享受留給自己的時間，很開心能好好照顧自己。

向星辰許願

　　夏天是特別的夜空觀察時間。今晚看著上方的發光宇宙，找到最吸引你的一顆星，凝視那顆星，看它如何閃爍與歌唱。那顆星在對你說話，與你連結，散播歡樂。接下來，將手擺在心上，對著那顆星星許願。你可以大聲說出心願，也可以默默祈禱，比如「我希望健康」、「我希望生命中出現關心我的朋友」、「我希望找到適合我敏感天性的工作」。說出你最深的渴望，不要遲疑。只許一個願就好，讓那個願望像箭一樣，直直射向愛的宇宙。再次像個孩子，暫時停止憤世嫉俗，不要心存質疑，允許自己與周遭的神奇力量連結。這顆星是朋友，它將以最美好的方式讓你美夢成真。

────── **今日的自我喊話** ──────

　　我將對著星辰許願，接受所有看不見的力量協助我。我感謝充滿慈愛的協助。

邏輯與直覺的結合

　　共感人通常具有很強的直覺，也與自己的情緒連結。這些是很強大的特質，但也需要加以平衡，重視邏輯與常識。在 A+B=C 的時候，邏輯代表知識的力量。在適當的時刻遵守線性邏輯是寶貴的技能，不過永遠要注意內在聲音的引導。

　　思考你目前要做的一個決定，把考慮的過程寫下來。一欄標上「邏輯」，寫下理性的解決方式，釐清有哪些選項。接下來，另起一欄，標上「直覺」。花點時間感受怎麼決定才好。留意你接收到的任何畫面、訊息、靈機一動或身體訊號，把這些也寫下來。接著，同時回顧邏輯與直覺這兩個欄位，看看哪一類的引導適合你做出選擇。如果兩欄指向相同的答案，那就太好了。然而，如果有的作法似乎符合邏輯，但直覺告訴你「等一下」或者「不太對勁」，也需要多加留意。解決兩難狀況時，直覺能提供細膩的引導。

――――――――― **今日的自我喊話** ―――――――――

　　我做決定時，會請教所有形式的內在智慧，包括我的邏輯與直覺。我會探索兩者如何攜手改善我的生活。

寫情書給自己

　　今天挪出一點時間，寫封情書給自己。看是寫在日記裡，或是特別的信紙上。開頭是「親愛的_____」，填上你的名字。接下來，分享所有你欣賞的自身特質與敏感天賦，譬如，「我愛我的眼睛。我欣賞我能與人連結。我是個好朋友，也是用心的另一半。我花時間自我照顧。我想要學習與成長。我懂得冥想。」在信上回顧你欣賞自己的地方，也談一談人生遭遇了哪些挑戰，你是如何克服，像是「我堅持下去，努力了很久，終於找到好工作」，或是「我害怕被拒絕，但我表達我的共感需求，另一半也能理解」。

　　這項寫情書練習與做到「完美」完全無關，重點是完全接受自己。你要愛自己，讓自己沐浴在愛之中，洗去疲憊，用仁慈與體諒重啟你的身體。

———— 今日的自我喊話 ————

　　我將在寫給自己的情書上，放進關懷與柔情，趕跑所有干擾我的負面聲音。我什麼都不去想，只專注於無條件體諒自己的旅程。

很抱歉你受傷了

別人的冷酷無情與不體貼，有可能傷害過你。或許父母不支持你的共感性格或天賦，勸阻你往藝術領域的職涯發展，要你去念法學院。又或者，你的心被戀愛對象傷害過，他們帶給你很多痛苦。你也可能碰上朋友讓你失望，不尊重你。

我替每個傷害過你的人致歉（尤其他們本人無法彌補過錯的時候）。我很抱歉你受到了傷害。我很抱歉人們沒有用心理解你。我很抱歉你的感受被忽視。我很抱歉你被羞辱。請接受我的道歉，瞭解你是個有愛的敏感人，我欣賞你、尊重你、敬佩你。

今日的自我喊話

我願意療傷並成長，釋放過去的痛。我想要擁有力量，好好發揮我的共感天賦。

再次信任

有一句意第緒諺語讓我很有感觸：「最開放的心是破碎的心。」即便如此，當你感到被背叛或拒絕，很難再次信任別人，我見過患者完全封閉自己，尤其在失戀之後。他們感到太痛苦，無法和新的人在一起。他們問道：「為什麼要打開我的心，萬一又受傷怎麼辦？」

共感人尤其會因為分手與失去所愛，感到刻骨銘心的憂傷。我知道那有多痛，也知道療傷期有多長。然而，我也知道我想要夠強大，為愛而戰，打開自己的心接受愛。你的確可能再次受傷與失望，但人生就是這樣。不過你有可能再愛一遍，開花結果。

信任人的時候要運用判斷力。慢慢來，先觀察對方是否有愛心、有責任感、關心他人、不朝秦暮楚。不著急，先讓他們贏得你的信任。不過持續觀察的同時，不要封閉自己，大膽一點，再給愛一次機會。瞭解自我照顧與穩住身心的方法之後，你就能維持力量，讓關係有較好的結果。

—————— **今日的自我喊話** ——————

我不會永久封閉我的心。準備好之後，我將再次信任正確的人或環境。

不只聽其言，還得觀其行

如果你正在評估某個人是否有愛心，是不是值得信任的朋友或伴侶，要特別觀察他們如何對待外人。有的人會以各種話術包裝自己，比如他們有多喜歡追求靈性。然而，他們如何對待餐飲人員、同事、孩童或殘障人士，才是他們日後對待你的方式。

觀察他們以為沒人在看或是做好事無利可圖時，他們的貼心程度。他們是否耐心等候用助行器過馬路的老婦人？是否替趕電梯的人按著按鈕？是否為地球的健康盡一份心力？這些小事都能揭露他們的真面目。

今日的自我喊話

我會看見一個人整體的樣子，不將他理想化，並留意他是否言行合一。

找到共感朋友

你可能習慣自己一個人，覺得沒人理解你，所以很難與人建立友誼。然而，勇敢踏出去，便有可能找到知心好友。

情感支持能讓你安心成長，不害怕被批評。一個很好的起點是找到你能聊天的共感朋友。如此一來，你將不再感到孤單。這個人和你頻率相仿，你不必替自己的敏感天性辯護。

如何找到這種朋友？尋找朋友圈與工作場合的敏感族。接下來，提起這個話題：詢問他們是否會讀關於內向者或共感人的書。派對上很容易找到共感人。他們通常一個人躲在角落裡，或者只跟一個人說話。雖然有點尷尬，你可以走過去說：「嗨。」

我也鼓勵你去找周遭或線上的共感人支持團體，比如我在臉書上成立的「歐洛芙醫師的共感人支持社團」（Dr. Orloff's Empath Support Community）。共感人朋友很珍貴，經常聊聊天，相互支持，你們將獲得彼此的力量。

 **今日的自我喊話**

我會珍惜我的共感朋友，也努力找到新朋友，即使一開始很彆扭。

你很難開口請人幫忙嗎？

你是否擔心開口請人幫忙，會給別人添麻煩？你是否比較擅長付出，接受別人的恩惠則會覺得怪怪的？學著平衡施與受的能力是好事。

許多人在成長過程中，覺得請人幫忙不好。為什麼會這樣？或許你不想給父母惹麻煩，或是你認為自己的需求不重要，但實驗一下，走出舒適圈，讓有愛心的人協助你。拜託鄰居順便從市場上帶一點水果回來。請兒子幫玫瑰澆水。難過時，請另一半提供情感上的支持。此外，接受的另一層意思是接收大自然與神靈的能量。習慣之後，你將感到喜悅。

有辦法開口請人支持，等於是找到自己的力量。否則無法滿足基本需求，你將感到疲憊、焦慮或是被踩在腳下。

────────── **今日的自我喊話** ──────────

即便我不想這麼做，我會練習開口請人幫忙，允許自己接受他人的幫助。我希望人際關係更平衡與完整。

激動時暫停一下

當你感到慌亂或受不了，情急之下有可能反應過度，不小心說出傷人的話，事後後悔不已。你的神經系統不斷在回應，而他人的憤怒或沮喪有如不速之客，令你感到激動或被吸光精力。

氣氛緊張，尤其是感到焦慮時，暫停一下很重要。如果要抵銷腎上腺素帶來的躁動，方法是休息一下，穩住心神。在你鎮定下來之前，不要打電話、講話、寄電子郵件與簡訊。你可能需要用平靜的語氣說：「讓我想一想，再回覆你。」或是離開現場，回到辦公室或另一個空間。減少刺激也能讓你重新穩住自己，例如調暗燈光、聆聽舒服的音樂或冥想。此外，離開衝突現場可以停止吸收他人的不悅。如果你選擇回應，暫時離開可以讓你收拾心情，拿出最好的一面來解決事情。

―――――――――― **今日的自我喊話** ――――――――――

我躁動不安時會從一數到十，避免一時衝動做出後悔的事、說出會後悔的話。

我不會在關係中失去自己

你是否太過投入另一半的問題或人生，開始忽略自己？你是否事事配合對方的需求，變得不常和朋友聯絡，因為你投入太多時間在這段感情中？

以上是戀愛中的共感人常碰到的挑戰。你想關心另一半，卻失去獨立性，也失去了平衡。你希望重視伴侶與戀愛對象，但你付出太多，這會消磨你的心志。到了某個時間點，你會感到被困住、不安或窒息。

除了留意伴侶的需求，也要留意自己的需求。寫下你可以如何平衡和朋友相處的時間、留給自己的時間，以及與伴侶共度的高品質時間。雖然這一點需要雙方持續用心溝通，結果卻讓人覺得不虛此行。你們滿足彼此需求的同時，將處於有愛的關係中，你也會獲得力量。

──────── **今日的自我喊話** ────────

即便處於一段關係，我依舊是我，不會失去力量。如果我感覺迷失了自我，我會找回自己和清醒的頭腦。

害怕被遺棄

如果你來自「看」不見你的家庭，有過被父母疏忽或虐待的經歷、幼年失去父母，或者父母是自戀狂，你在成長過程中有可能感到被遺棄。這種令人痛苦的恐懼也會深入內心，影響成年後的關係，甚至造成你不願離開虐待你的伴侶或朋友，只為了不再感到被拋下。

誠實地問自己：「我害怕被遺棄嗎？如果是，是什麼情況造成的？」問自己：「這個恐懼是如何出現在我的生命中？」舉例來說，每當你考慮恢復單身、離職或是和家人設下界限，就會很害怕？你是否在感覺像被拋棄的情境中，出現過激的反應？比如男友忘了打電話、朋友在最後一秒鐘取消計畫？

下一步是扭轉害怕。想一想：「要是少了恐懼，我的人生會是什麼樣子？」想像你將在關係中感到的心安與輕鬆感。你可以請神靈協助你不再恐懼。即便靠自己做不到，神靈也會出手相助。在恐慌、甚至恐懼的時刻，如果明白自己的心理狀況還不足以安撫你，那就和神靈聯手，獲得上蒼賜予的力量與勇氣，改變自己的觀點。

---------------- **今日的自我喊話** ----------------

我會意識到自己害怕被拋棄，慢慢地一步一步療癒這種恐懼。如果害怕了，我會立刻鎮定下來，請求協助，不慌張。

我不是一個人

當你感到孤單害怕，得不到需要的協助，重複這個肯定語，重拾信心。

我不孤單，

我得到看顧，

慈愛的力量包圍著我。

心受苦時，

我向神靈求助。

恐懼擊敗我時，

我接收宇宙慈愛的神聖力量。

我在愛的懷抱裡，

一切安好。

———————— **今日的自我喊話** ————————

我能處理任何情緒，也能超越自己的恐懼。愛的力量永遠與我同在，保護著我。

晨間冥想

　　用簡短的晨間冥想展開一天，穩住心神。我醒來後會直接走到我的神聖空間，冥想五分鐘，溫和地協助自己離開睡眠狀態，展開物質世界的冒險。我靜靜坐著，緩緩呼吸，專注於我的心。我看著大慈大悲的觀音像，請求觀音保佑，感謝上天賜給我生命，而今有機會再度學習與成長。

　　接下來一星期，每天早上實驗冥想。時間很短也沒關係，五到十分鐘就夠了。這是你與神靈連結、從「心」展開一天的機會，而不是直接跳下床，滿腦子只有待辦事項與隨之而來的焦慮。行事曆上的工作晚點再說，先做晨間冥想，踏實展開這一天。

────────── **今日的自我喊話** ──────────

　　我今天醒來會立刻冥想，以樂觀、寧靜的心展開一天。我會觀察這麼做是如何讓我在一天之中更快樂、更健康。

走過恐懼

　　勇氣或恐懼是一種選擇。踏上靈性的道路，努力學習、讓每一天更加醒覺，不代表你不再有害怕的時刻。不過，用勇氣面對這種情緒，或是活在恐懼之中，都是我們的選擇。我在人生中多次感到恐懼，但依然請心中的信仰帶我前進。自由來自勇敢做出選擇。決定堅強地走過恐懼，是在展現勇氣。你唯一需要做的事，就是當恐懼這種原始情緒讓你失去情商、喪失直覺，拿出善的正面力量，戰勝恐懼。

　　停止恐懼的方法是深呼吸幾次，鎮定下來。閉上雙眼，在心中默念：「恐懼只是一種情緒，我能超越恐懼。」接著感受你的靈魂舒展開來，你的力量回來了。眼前的事或許很嚇人，但你這下子更有自信戰勝問題，達成目標。

　　北美原住民切羅基人（Cherokee）有一個古老的故事，人的心中有兩隻爭鬥的狼：一隻是惡狼，一隻是代表善的好狼。哪一隻會獲勝？答案是，你餵養哪一隻，哪一隻就會贏。記住：唯有在你助長恐懼的時刻，恐懼會獲得力量。

────────── **今日的自我喊話** ──────────

　　就算我感受到強烈的恐懼，也不會餵養恐懼。恐懼是人生的一部分，我會掌控恐懼，不因恐懼而停下腳步，不去完成夢想。

停工時間

今天安排一點休息時間，做什麼都好，不要只有做不完的工作與責任。深呼吸，去游泳，散一下步。按下暫停鍵，讓思緒天馬行空。想像一個開闊的空間，不要用任何東西填滿它。沒有憂愁，沒有顧慮。你全身輕盈，自由自在，把時間留給自己！不必跟誰講話，不必決定要做什麼。什麼都不必做，放鬆就好。在休息時間深呼吸，感受壓力離開肩膀與背部。動一動腳趾，將手臂往上舉，伸展一下。釋放壓力，面露微笑，感到精力與樂觀回到你身上。

────── **今日的自我喊話** ──────

不論早已安排了什麼，我會給自己一些停機時間，恢復精神。每隔一段時間就休息一下，釋放壓力，才不必一直活在壓力鍋裡面。

永恆

我們的物質現實由時空來衡量。每天認真執行時間管理，定出你需要的喘息空間，將協助你保護敏感的天性，改善生活品質。

然而，別忘了還有其他的覺知領域，與分鐘、小時、年無關，那裡沒有時間、無拘無束，你的直覺與精神可以悠遊其中。抵達那些境界的方法是冥想、沉浸於大自然、從事創意活動、在放鬆的沐浴中發呆，或是在白日夢中遊蕩。像個藝術家，處於心流之中。全心做你正在做的事，完全拋開時間。臣服於這一刻，將是永恆的體驗。

─────── **今日的自我喊話** ───────

我將暫時忘掉時間，讓想像力奔馳在沒有時間的地點，點燃我的創造力。我將自由自在。

覺醒

　　覺醒是心逐漸看清楚的過程，最後感到明顯的內在平和。今天特別關注你的直覺，用你最受啟迪、最能接收感應或共感的自我，去感知這個世界。覺醒的感受有可能一閃即逝：你瞬間感到清醒，或是突然感受到無條件的愛、昇華或上天的祝福。你也可能感到四海一家，而非人類的分裂或隔離。去體驗這些瞬間，或是為時更長的洞察。念以下的肯定語，發現覺醒的你舒展開來。

我醒了，我覺醒了。

我的心是打開的。

我感受到宇宙的光與慈愛。

我打開自己，接受祝福。

允許自己快樂。

我看見。

我覺知。

我能愛。

―――― **今日的自我喊話** ――――

　　我今天將見證自己與周遭一切存有的光，感謝我的意識能夠覺醒，感受到天人合一與愛。

靈性逃避

靈性逃避（spiritual bypassing）是指利用靈性的概念與作法，來逃避未解的情緒議題或親密關係中的必要挑戰。這是一種防衛作法，用以掩蓋痛苦到無法面對的創傷或衝突。然而不哀悼，就無法從悲傷中痊癒。憤怒如果不表達出來，便無法釋放怒氣。我們無法將恐懼藏在心中，還期待能心靈平和。

我有的病患甚至沒發現自己有靈性逃避的問題，直到我點出來。治療任何防衛機制，都要帶著理解的心，處理靈性逃避也是一樣。沒人是二十四小時快樂，我們都有陰暗面。當你迴避陰暗面，人會變得麻木，人們會覺得你強顏歡笑或很假。

誠實指出自己可能出現靈性逃避的議題。你在氣配偶或父母？害怕被拋下或感到不如人？找出問題，帶著慈悲慢慢寫出你的痛苦感受。那些感受藏在你的笑容或裝出來的性格裡，自欺欺人：「每件事都很好，我做了靈性的修習。」我們人有很多面向，有光明面，也有情緒黑暗的一面。探索自己不同的一面，將使你變得更有趣、更完整，更有能力擁有親密關係。

────── **今日的自我喊話** ──────

踏上靈性道路的意思是留意自己的正面感受，但也留意較負面的感受。我會小心，不會靈性逃避任何需要療癒的情緒。我將勇敢處理情緒。

隱藏的力量來源

當你感到太疲憊，連一個問題都無法再處理。

當你感到過度悲傷，無法懷有希望。

無法再愛。

或是恐懼到失去理智。

在這種時刻，停止嘗試**做**任何事，放手。允許自己呼吸、哭泣、睡覺、躲進被窩裡或獨處。你躲在內心深處教你安心的洞穴，沒人找得到你，等準備好了再出來。

在這種全然的放鬆狀態下，火花將重新點燃。你讓自己放鬆，不試圖達到超強的效率或完美之後，就能回到自己身上。你將開始蓄積力量。佛陀有云：「不異依。」在你的靈魂中找到避難所，那是你隱藏的力量來源，一直在你體內。你在那裡很安全，可以躲進去恢復力量。

今日的自我喊話

安全的避風港就在我心中。我會躲進去，運用內在的力量之泉與愛心，重振精神。

多巴胺

多巴胺是一種與愉悅有關的神經傳導物質。研究顯示，內向者不需要太多多巴胺就能感到快樂，不像外向者需要參加引發大量多巴胺的大型熱鬧活動。這一點可以解釋，為什麼外向者會因為參加滾石樂團的演唱會，或在人山人海的餐廳用餐，心中湧出快樂的感受。相較之下，內向的共感人最快樂的時刻，通常是獨處或參加小型聚會。不過，有的共感人雖然外向，社交過後，同樣需要單獨從事一些安靜的活動，好降低刺激量，恢復精神。

在今天提振你的多巴胺。給自己一些獨處時間，或是喜歡的話，找一位朋友到林子裡散步。如果你需要更多的多巴胺，也可以參加大型的社交活動。快樂有不同的形式，只要瞭解怎樣能讓自己最快樂、最舒服，就能自行調整。

────────── **今日的自我喊話** ──────────

我會留意自己需要用哪種形態的活動來刺激多巴胺。我會找出多少社交量能讓我最開心，不用事事配合別人的需求。

257

同理心：強大的療癒方式

你的同理心是重要的資產。你有能力感受到其他人發生了什麼事，也因此更能同情對方，從「我」走向「我們」。你看出我們都來自同一個人類大家庭，有許多共通點。即便價值觀或文化不一樣，以同理心對待彼此，我們的人生和這個世界才能被治癒。

今天實驗一下，對每個人展現同理心——不只是你喜歡或很熟的人。就算有人惹到你，譬如在雜貨店排隊時，有人插隊到你前面，試著感受他們這麼做的壓力或驚慌。當然，你能理解，不代表這個人做的事就可以原諒，他們不體貼又沒禮貌，但還是試著深入理解。這個同情心的練習，可以讓你瞭解在背後驅使我們的人性與情緒力量。

─────── **今日的自我喊話** ───────

我會透過同理心看待每一個人。即便不喜歡的人，還是會試著理解他們的動機。

誠實面對情緒

敏感族每天感受到的情緒太多，很難追蹤。另一種可能是你擔心沒人會懂，因此試著忽視或壓抑情緒。你擔心對配偶或朋友來講，你的「情緒太豐富」，最好反應不要那麼激烈。這正是我多年來的煩惱，所以不一定能在親密關係中展現真實的自我。

情緒誠實（emotional honesty）的意思是接受自己真正的感受，加以尊重。從你自己著手，提問：「我今天主要感受到哪五種情緒？喜悅、恐懼、快樂、焦慮，甚至是驚慌？」不論是哪一種，都沒關係。有強烈的感受沒什麼好丟臉的。你有一顆開闊的心，寬廣自在，不像其他人那樣防備心很強。

承認你的情緒，不要壓抑。你可以哭泣、大笑、捶枕頭。如果另一半或朋友給你慈愛的空間，你可以和他們溝通自己的感受，讓情緒表達成為生活中不可或缺的一部分。

────── **今日的自我喊話** ──────

我接受我對事物有強烈的感受，誠實面對自己的情緒，與支持我的人分享情緒。

陽光

在許多古老的治療傳統中，太陽代表生命力、力氣與力量，被視為崇高的事物膜拜，在埃及甚至被當成神。我因為學習道法，將冥想壇擺在房間的東牆，方便每天感受旭日東升的能量。隨著日光與我們內在的光升起，每天早上都是嶄新的開始。

大自然的一切都是由太陽提供能量，包括我們的身體。沒有太陽，就沒有食物。此外，太陽是維他命 D 的主要來源，維他命 D 被稱為「陽光維他命」。相較於強化的食品或營養補給品，身體能夠更有效地運用這種天然維他命。每天只需曬太陽五至十五分鐘，就能滿足所需，避免過度曝曬帶來潛在的健康危機。此外，太陽能提供乾淨的能源，進一步讓我們的身體、空氣品質、氣候與地球更健康。

在今天這個夏日，特別感謝太陽這顆最靠近我們的恆星：謝謝太陽提供能量與光，維持人類與地球生物的存在。觀賞日出或日落的光芒，感謝陽光賜予生命。

───────── 今日的自我喊話 ─────────

我感激太陽帶來的禮物。我將留意太陽的治癒力如何影響我的身心靈與地球。

身為成人的喜悅

作為成人的喜悅有很多。活到一定的歲數後，你更有判斷力，在關係與工作各方面，更知道怎麼選擇。你一路上累積智慧，更有辦法以共感人的身分在世上遊走。你逐漸發展各項天賦，更能夠接納自己，對自己的天賦感到自在。你更瞭解自己的需求，以及如何表達。你依然疼惜心中那個充滿玩心的孩子，但不讓幼稚的王子病／公主病攪亂生活或關係。

長大不一定代表要變得無趣、自以為是，或是人生中只有義務，不能遊戲。長大也不代表一定要被困在不適合你的生活方式中。長大的意思是你能選擇當什麼樣的人，不像有的人就算成年了，依然抱持「永遠長不大」的彼得潘心理。你永遠在變化，永遠有新發展，愈來愈有能力發揮同理心與愛心。

今日的自我喊話

我會欣賞自己成熟的地方與智慧，感謝歲月讓我認識自己，帶來成長的機會，也帶來慈愛。

感到自由

感到自由對你來講是什麼意思？做真正的自己？暫時不理會電話與電子郵件？有錢過舒服的日子？沉浸於藝術之中？造訪神聖的地點？在山上健行？體驗長時間冥想帶來的寧靜感受？或許你喜歡沒人打擾、好好泡澡的自由？去做讓你感到幸福的事，變成最好的自己。

在夏天與一年之中，感到自由可以是你每日心態的一部分，不需要久久才體驗一次。讓心掙脫恐懼的牢籠，比拓展生命之輕更加重要。前文特別提過，你可以運用呼吸，開展對大我的覺察：

在鎮定的感受中呼吸，

吐出恐懼、擔憂與任何匱乏的念頭。

吸進寧靜。

吐出對於自己的舊評價。

吸進海闊天空的感受，凡事皆有可能。

吐出任何受限的感覺。

每天花幾分鐘用這種方式練習呼吸，點燃內心的自由感受。

—————— **今日的自我喊話** ——————

我將專注地感受自由，從事讓自己快樂的活動。我將活出最廣闊無邊的自我。

換檔

　　生命中的每一件事隨時在變化，包括我們的人生、身體、情緒與四季。改變令人興奮，或許也讓人有點不安。我們在夏季的最後幾星期進入轉變期。對許多人來講，秋天來臨代表要上班上學了，步調加速、開始忙碌的時刻到了。你從陽光普照的夏日，換檔到專心工作、追求成就與理想。

　　冥想夏季帶給你的禮物，也想一想秋天的展望。留意時間不停流動，大地的氛圍與顏色也在變。地軸持續偏離太陽，白日開始縮短。記得要評估你今年以來的成長，歡迎即將出現的變化。抱持更大的希望，迎接共感旅程的下一章。

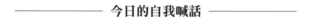

—————— **今日的自我喊話** ——————

　　我接受人生唯一不變的地方，就是一直在變。我會留意一年之中的轉變期，從這一季從容換檔到下一季。

見證者狀態

在衝突中保持中立，能使你穩住心神，重寫大腦迴路，以更冷靜的方式面對人生。與其陷入痛苦的情緒或情境，不如後退幾步，拉開距離，見證自己。舉例來說，當母親批評你或是另一半令你感到失望，想像你在觀察這個情境，而不是被這件事帶來的情緒吞沒。以這種更寬廣的視野看事情，你將更能脫離憤怒、焦慮、恐懼，或是因此發生的任何爭論。

當你留意到壓力變大或是承受不了，告訴自己：「我不等同於這個情緒。我慈愛地見證我的感受，觀察這個過頭的狀態。」當你明白沒有情緒能定義你，就可以自由地轉換心態，與內在的智慧連結。

── **今日的自我喊話** ──

我可以選擇如何處理情緒。當我感到沮喪或挫折，我會見證自己的感受，不會一被觸動情緒，就衝動行事。

與我無關

　　我碰過很多的共感患者，因為試著解決別人的問題，想讓別人不再痛苦，犧牲太多寶貴的精力。由此可見，讓自己元氣滿滿的方法，就是關注自己，不過度介入他人之事。即便你很善良，對別人遭遇的苦難心有同感，自我照顧的方法是做出明智的決定，好好選擇要把力氣用在哪裡。善待自己，善用你儲備的精力。

　　有一句俏皮話很有意思：「世上有三種事：我的事、你的事、不關我的事。」（還有胡來的事！）你要持續分辨這三種事。如果不確定是哪一種，最好按兵不動，直到確定該怎麼做才正確。此外，你必須明白每個人都有自己的路要走，有更高的力量在引導他們。你盡力就好，剩下的就交給神靈。

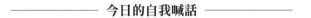

────────── **今日的自我喊話** ──────────

　　我不會愛管閒事，不插手與自己無關的事，把注意力放在自己身上。如果需要出手相助，我會助人，其他時候則不介入。

把事情分出去

　　你是否覺得事情不親自做，就不會做好？你是否不敢請人幫忙，不敢放棄主導權？你是不是永遠有太多的事要處理，因此感到精疲力竭？

　　一流的領袖知道授權的重要性。你不必事事都管、過分有責任感，你要給別人表現的機會。避免倦怠的方法，是思考如何更有效地把事情分出去。如果你不習慣交給別人處理，先從小事開始，降低交出控制權的焦慮，譬如，把車子交給洗車場、不自己洗，或是請另一半把髒碗盤放進洗碗機。可以的話，請人幫忙打理家務，找專業家管協助。讓朋友開車，不要每次都由你接送。

　　習慣後，練習把更大的事情分出去。讓同事做好分內之事，不替專案收爛攤子。萬一健康出狀況，請朋友協助你。即便每個人做事的方法不一樣或是速度比你慢，只需要感激對方的協助。

　　把事情分出去，你的擔子將不再那麼重，也不再感到世上亂七八糟的事都必須由你一肩扛起。

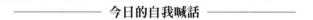

———— 今日的自我喊話 ————

　　為了讓生活更平衡，我會練習把責任分給別人，讓眾人協助我。

犯錯

我們都會犯錯，沒有誰是完美的。有時人們盡了力，依舊沒有好結果。有的人心不在焉，錯誤就發生了。

當別人犯了錯，每種情況要分別評估，找出正確的回應方式。我的道教老師說，人們犯錯時，要鼓勵他們，不是責備。發脾氣或奚落只會讓對方感到羞愧，缺乏做好的動力。如果你真心想補救，就客氣地和這個人合作，讓他們帶來你需要的東西。你的目標是解決事情，不是氣個半死。人們出紕漏時，如果負起責任、希望補救，你會更瞭解他們的品格。然而，如果他們只會找藉口、惱羞成怒，或是把問題丟了就跑，或許你需要降低期待，以後不再跟這個人來往。

如果犯錯的人是你，那就用行動補救，但不必太過自責。從更寬廣的角度來看，你如何對待自己，比你犯的錯誤更重要。如果你把犯錯視為靈性的課題，你有機會變得更寬宏大量，學習原諒自己。

————— **今日的自我喊話** —————

如果我犯錯，我會寬恕自己。此外，我也會給別人修正錯誤的機會。

健康的溝通

　　成功的溝通要靠相互尊重。記得定期表達對他人的欣賞與讚美，尤其是你愛的人。找出他們做對的事，不要抓著錯誤不放。看見別人好的一面，能鼓勵他們拿出最好的一面。如果你永遠在指出別人的缺點，以及該如何改進，他們只會覺得被瞧不起。你要帶著感激之心，讓對方做自己，謝謝對方帶來的一切，容許你處理更麻煩的問題。

　　解決爭執時，解釋「我如何如何」，接著提供解決辦法，比如告訴另一半或朋友：「你忙到沒空理我，讓我很難過。我們約個時間，一起做點什麼。」而不是用指控的語氣說：「你也太不體貼了，居然這樣對我。」你的內在小孩或許真的感覺被忽略，但如果你的溝通方式是想辦法解決問題，對方比較可能聽進你的話，讓你如願以償。

────── **今日的自我喊話** ──────

　　我將感激他人，解釋「我如何如何」，表達自己的感受與需求，不責怪或貶低任何人。

慎選戰場

你是敏感人，讓你不高興的行為會引發強烈的反應。讓事情過去可能很困難，因為不舒服的感受仍留在身上。然而，自我照顧的智慧包括排列優先順序，找出自己值得為哪些事而戰，哪些則不值得。

小心選擇你的戰場。問自己：「我值得為了這件事，和另一半或同事鬧得不愉快嗎？我將獲得或失去什麼？」在親密關係裡，天天都可能發生令人跳腳的事。問自己：「最該處理的事是什麼？最需要改善的地方是哪裡？」寫下爭執的前因後果或許會有幫助。此外，效果較好的溝通方式是一次只談一個問題，不要在同一次互動中說出所有的抱怨。先提小事，再處理比較大的事。避免一股腦拋出所有的需求，對方會招架不住。立場要堅定，但是態度要溫和。

—————— **今日的自我喊話** ——————

我會慎選戰場。我知道無法一次解決所有事情。我不會一次提太多件事，也不會在同一場對話中，一口氣提出好幾個待解決的問題，對方會不知所措。

269

成就感

你有權做帶來滿足感的工作。由於一天的工時可能超過八小時，工作將深深影響你的心態與精力。你是敏感人，你比別人更難阻擋壓力；如果你的職業把你累壞了，你也比較難恢復。

外在環境如果能配合你的需求，你會展現優秀的工作表現。共感人通常喜歡在家工作，遠勝過進公司上班。需要創意的藝術工作或許很適合你，例如寫作、演戲、電影或設計。此外，一旦學會保護技巧，你也能夠從事助人的行業，如心理學、護理、醫學或教書。

今天，評估你的工作情境，寫下優缺點。想一想如何改善或改造工作的某些面向，提升你的創造力。你也可以想像一個更有滿足感的工作。雖然醫療保險與退休方案是重要考量，困在你不愛的工作並不健康。如果你決定留在原本的工作，可以試著調整心態，盡量打造最正面的環境。如果考慮離開，就開始腦力激盪，找出需要哪些步驟才能達成目標。

今日的自我喊話

我將探索如何順利待在目前的工作環境，或是考慮尋找其他較適合我的工作。考慮改變永遠不嫌遲。

治療工作狂問題

你是否過度工作，一有空閒時間就感到焦慮？你是否用工作頭銜來定義自己？或是你的自尊要靠工作頭銜建立？如果是，或許你是工作狂。

敏感人想把工作做好，好讓上司與同事開心。對工作有熱情、願意犧牲奉獻，是值得讚美，但忽視疲倦或長期忍受感官超載，並不健康。

任何形態的成癮都會榨乾你的生命力，占據你大部分的時間，工作成癮也一樣，身心都會付出代價。「不工作不行」成為你的藉口，讓你忽視人生的其他面向與心底的感受。如果你永遠忙著工作，很難擁有親密關係。

解決之道是平衡。挪出休閒與充電的時間。在行事曆標出特定的時段。明智的時間管理能協助你打破工作狂的循環。定期讓神經系統鎮定下來，你在辦公室與其他地點會感到更健康、更快樂，發覺活力又回來了。

―――――― **今日的自我喊話** ――――――

我不只是我的工作。我是一個完整的人，我有權利獲得圓滿生活帶來的快樂。

與同事設定界限

你的同事是否向你分享一切的煩惱？你是否為了讓他們高興，答應他們太多事，或是過度付出？共感人關心他人，善於聆聽，也難怪同仁經常忍不住向你傾訴煩惱。

儘管想幫忙，你一定得先照顧自己，與同事設定界限，不讓自己被榨乾。一旦你能保護自己，工作就會變成更安全的環境，也更能滋養你。

允許自己和善地拒絕同事。你的語氣和說話方式是重點。彬彬有禮地告知對方：「真的很不好意思，但我已經被工作淹沒，無法再接下額外的工作。」你也可以說：「我很願意支持你，但我正在趕最後期限，只能聽你講幾分鐘。」這兩個例子都是在溝通健康的界限。你不必想理由，也不必長篇大論解釋。簡單設下界限，送上祝福，繼續專心做自己的工作。

————— **今日的自我喊話** —————

我有權和同事設下和善、但堅定的界限，當同事要我做我辦不到的事，我會運用這項必要的技能。

防護罩

每當你感到過載、疲憊、吸收到別人的壓力與負面情緒，可以在工作或其他任何不舒服的情境，練習以下的觀想：

安靜坐著，深呼吸數次，放鬆身心。想像自己坐在安全的防護罩裡。那個防護罩是透明的圓形或橢圓形，從你的皮膚向外延伸數英寸（一英寸約二‧五公分）或一英尺（約三十公分）。你可以看到外界，空間很夠。這個防護罩會擋掉任何有毒的情緒或不愉快的感受，但正能量依然能夠進入。你隨時可以利用這個防護罩。一旦處於更健康的環境或是不再需要，請防護罩消失就可以了。再次有需要，就升起新的防護罩。外在環境快把你壓垮時，防護罩可以是你的避風港。

今日的自我喊話

當我想保護自己，我會想像周身升起一層防護罩，隔絕壓力或他人的負面情緒。

273

金錢與心靈的富足

金錢本身沒有高不高尚的問題，一切端看你如何運用。

財務安全有很多好處，可以帶來舒適的生活，以及接受良好教育的機會。有錢能讓人獲得高品質的健康照護，購買健康的食物。知道銀行存款能撐一陣子，就不會那麼擔心繳不出每個月的帳單。此外，財務安全提供的資源，讓你有能力拜訪遠方的親友。

有錢也容許我們幫助他人，在世上行善。然而，若是囤積財物，或是引發貪念，傷害他人與地球，金錢財富將帶來破壞與負面的事。

你對待金錢的態度，將決定金錢帶來的影響。你有權享有財富帶來的好處。如果你急公好義，財力能助你一臂之力。樂善好施會有好報。不過，不要用有錢（或沒錢）來定義你在世上成不成功。你要明白金錢能帶來種種好處，也有壞處，如風險與貪婪。你其實可以透過金錢傳遞自己的精神價值觀。

今日的自我喊話

我有權享有金錢上的富足，永遠仗義疏財，急公好義。

樂善好施

善有善報，惡有惡報。慷慨是分享好運的方法。將十分之一的收入（或你能負擔的金額），捐給慈善機構或值得支持的理念，讓錢以正面的方式流通。

讓金錢流動是好事，只可惜有的富人是守財奴，不肯與人分享。這會妨礙他們自己的人生流動。吝嗇可能源自於害怕沒錢、缺乏自信、貪婪，或是不論握有多少金錢資源，依然感到無力。這樣的人只想著囤積「更多」，卻沒發現內心的情緒破洞，永遠無法靠財富或買東西來填補。

大方的意思是用心給予。如果你能協助不幸的人，為環保盡一份心力，你將獲得快樂。給予是快樂之本。我特別喜歡匿名送禮物，有時會在公廁或等候室等公共場所放一點錢（一到五美元），撿到的人會感到很幸運。你也可以試試看這種方法。接力行善具備感染力。你行善，其他人也會行善。

────── **今日的自我喊話** ──────

我將在能力範圍內，捐錢給值得支持的理念，或是以其他我偏好的方式運用金錢，享受行善帶來的正能量。

收穫成功

　　當你的成功來自內在，外在的成就也能錦上添花。如果你不喜歡自己，不論你在職涯或任何領域再有成就，也永遠無法滿足。因此你要專心做個好人，以你會喜歡自己的方式生活。你沒有必要變得完美，我們都是尚未完成的作品。不過，要是能踏上自癒的道路，做事有原則，便是朝著正面的方向前進。若能逐漸讓自己脫離恐懼，你在世上的成功將帶來更多滿足感。

　　隨著收穫的時刻來臨，回想你今年的內在勝利與外在勝利。或許你在工作上發揮了更多創意，找到更能支持共感需求的工作環境。別忘了感謝自己的進步，記得敞開胸懷，打開你的心，迎接更多的富足。

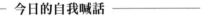

今日的自我喊話

我感謝辛苦帶來了收穫，也慶幸自己在各方面的成功。

簡單生活

　　有的敏感人選擇過簡單的生活，不想耗費數十年光陰與人競爭，汲汲營營，搶奪所謂的「成功」。他們不需要大房子、好車或異國假期，這一類的奢華享受有可能帶來債務。他們選擇較小的生活空間，減少開支，靠低薪簡單過生活。

　　你也可以考慮由奢入儉。任何年齡、任何時候都能這麼做。當代甚至有追求遊牧生活的運動，休旅車成為家庭辦公室，想去哪就去哪。

　　你不必遵守人為的文化規範，追求壓力大的昂貴生活水準。共感人是先驅，過著支持敏感天性的生活。你也可以擺脫社會期待的壓力，開創專屬的道路，探索最適合自身需求的生活方式。

────── **今日的自我喊話** ──────

　　我不必被困在成功的倉鼠轉輪上。我可以選擇簡單的生活方式，享受更多的滿足感。

感染別人的活力

　　有的人熱情洋溢，具有感染力，他們的能量可以傳遞到你身上。你可以學習他們的觀點、作法，以及散發的好心情。每當我想培養或加強某項技巧，比如設定健康的界限，我會花時間和擅長這麼做的人相處。他們成為我的模範。我觀察他們，感受他們，牢記他們的行為。我記住他們如何保護精力，自己也跟著做。

　　至少找出一個人，這個人擁有你欣賞的特質（如創意或熱情），有為者亦若是。此外，你也可以參觀提升心靈境界的地點或聖地，像是英格蘭的巨石陣、法國露德鎮（Lourdes）的治癒之泉。這類地點的正能量會感染你。把那些能量吸進體內。我有一些患者會到觀測台觀星，還有人造訪北美丘馬什人（Chumash）舉行儀式的峽谷，加強與大地的連結。有的人則是到海邊或大教堂冥想，更接近自己的靈性層面。選擇能滋養靈魂的地點，吸收那裡所有的好能量。

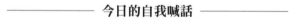

今日的自我喊話

我會找出正面的人士與地點，感染他們的正能量，跟著嗨起來。

爬上陡坡的正確心態

人生如果碰上費力的爬坡路段，最優雅、最不痛苦的前進方式，就是不要想太多。如果你一直抓著某件事不放，助長恐懼的火焰，這趟旅程會更加艱辛。道教老師告訴我，如果你一直想著明天，山會更難爬。

人生不免出現必須學著克服的陡坡，但你的心態可以讓爬山沒那麼痛苦。告訴自己：「我知道這些山，我從前爬過。我不會一直想著好難爬，讓這趟旅程更加痛苦。」持續緩緩地呼吸，專注於你所在的地方，不去想遠方的山頂。尋找一路上岩縫或大石頭間長出的小花，大聲唱你喜歡的歌，或是在心中哼唱。北美山羊步伐不快，但一路堅定地往上攀。當你走上陡峭的山坡，別忘了學習山羊的耐心與平衡，一點一點前進。

────────── **今日的自我喊話** ──────────

我會以輕盈的心態面對逆境，不去擔憂。壓力如山時，不雪上加霜，也不要一直想著對未來的恐懼。

平息焦慮

　　緩解焦慮的祕訣，在於不讓焦慮有機會愈演愈烈。一出現焦慮的情緒，就開始有意識地呼吸。緩緩地深呼吸數次，排除緊張的情緒，不讓緊張積存在體內。接下來對自己正向喊話，告訴自己：「這只是暫時的，我會找出最好的處理辦法，每件事都會解決。」不要讓驚慌的聲音阻撓你溫柔地安慰自己。

　　接下來，後退幾步，離開那些情緒。當你留意到自己開始焦慮，把手放在心輪上，告訴自己：「我會找到自己的中心，慈愛地遠離手足無措的狀態。」把注意力再次集中在你的心，你將感到放鬆，從有助益的觀點看事情。

—————— **今日的自我喊話** ——————

　我能控制焦慮的念頭與感受，利用呼吸與正面的念頭平復心情。

做出明智的抉擇

最深思熟慮的決定同時仰賴幾種智慧，記得參考邏輯，也參考直覺。有時可以請專家提供建議，理性分析事情的正反兩面，清楚找出優缺點，做出恰當的選擇。

然而，有時光憑邏輯還不夠。你已經反反覆覆思考過同樣的論點，但依舊感到不太對勁。此時必須聆聽內心的聲音，進一步瞭解自己的處境。這份工作是正確的選擇嗎？這段關係對你們兩人都好嗎？這種健康療法最適合你的身體嗎？與其多思，不如留意閃現的直覺。你有可能感到一陣雞皮疙瘩，那是一種身體感知或瞬間頓悟。當你謙恭有禮、耐心以對、誠心發問，答案就會出現。抉擇的時候，隨時念以下的肯定語，增強自信：

我堅強又充滿力量，

我遵從直覺，聆聽邏輯，

融合多種智慧來源，

替我的身心靈做出正確的選擇。

―――――― **今日的自我喊話** ――――――

我會做出明智的抉擇，直覺「這就對了」。我不會因為焦慮或缺乏耐心，硬是隨便做決定。

281

不再後悔

人生將教我們很多事。回首過往，你可能懊悔自己或他人的行為、後悔沒選某條路。我們因為感情細膩，不論是分手、裁員、背叛或錯過機會，都讓我們感到懊悔萬分，但不要苛責自己，不再相信愛，或是躲避這個世界。

在日記裡找出後悔的事。後悔沒追求初戀？因為沒自信，回絕了夢幻工作？因為害怕被排擠，沒能堅守與他人的界限？找出後悔的事，下次再碰上類似的處境，就知道如何採取不同的作法。

後悔是人性，但活在悔恨中只會讓你精疲力竭。善待自己，善待他人，原諒自己或別人的缺點，一有機會就補償。把錯過的機會視為成長的理由，接受今日帶給你的禮物。你不是受害者。你是正在成長與學習的美麗靈魂。

—————— **今日的自我喊話** ——————

我不會成天懊悔。我從中學習，在今日創造更美好的機會，建立更圓滿的關係。

不動如山：按兵不動

　　戰士會伺機而動，不隨便衝上戰場決定輸贏。《易經》有一卦是「不動如山」，也就是無為的智慧。在人生的某些階段，最明智的選擇是停下來等候。不論你有多渴望追求目標，現在不是前進的時候。事實上，此時行動只會浪費時間，還不如暫時擱置目標或決定。不動如山不是懶惰，而是大智慧。你知道什麼時候該行動、什麼時候該停下。

　　在按兵不動的期間，集結你的力量，順其自然。我的道教老師說：「自己冒出來的機會，有可能勝過你爭取來的機會。」萬一沒動靜，別急。風水輪流轉，整裝待發，等再次輪到你的時候。

—————— **今日的自我喊話** ——————

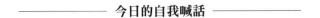

生活停滯不前時，我會像山一樣守著。我對自己有信心，靜靜等待。

秋天

收穫、改變、放手

　　秋天是收穫的季節，你收割工作與人生的成果。秋天也是轉型期，在劇烈的變動中，「土」這個元素象徵放手與安定的力量。

　　秋天的樹木帶來特別的禮物：變色的樹葉五彩繽紛，耀眼的紅色、橘色與金黃色樹葉，帶來如夢似幻的場景，這是共感人的感官饗宴。在一片璀璨的光輝之中，慶祝今年的進展。

　　秋天也是改變的老師。學校開學了，新鮮人踏入職場。此外，很快就是一年裡安靜下來的時節。收穫過後，生長季結束，進入蕭條時期。在秋分那一天，晝夜一樣長，適合冥想平衡的精神。隨著氣溫愈來愈冷，日光逐漸昏暗，樹葉不再製造帶來綠色的葉綠素，開啟老化與衰退的階段。

　　老化與未知會讓共感人不安，我們喜歡能預測的事物。我們

心中有一部分抗拒改變，因為我們害怕改變。然而，大自然自有韻律。自我照顧能協助我們接受內在的轉變與成長。

秋天是檢討優先順序的好時間。你有機會改變自己，不再抓著過時的看法、怨恨或關係不放。問自己：「哪些事壓在我心上？如何能放下？」秋天讓你體驗深度的轉變，進行一場心靈之旅。

改變的挑戰

秋風起，落葉飄降，大自然準備好蛻變。大自然不抗拒改變，改變能帶動她休眠與重生的循環。你同樣在剝離外在的東西，等春天來臨時，你將準備好重生。

在秋分這一天，晝夜一樣長，大自然讓你體驗到和諧。在秋分的傍晚，準備好冥想身心靈的平衡。在安靜的時刻，感謝自己的每一部分讓你成為今日這個有趣的敏感人。你感到「邏輯的自我」與「直覺的自我」合而為一，達到平衡。你隨時可以選擇要向哪種形式的智慧討教，體驗到內在的平和。冥想這一切，能夠安定自己，隨著即將來臨的休眠季節及變化而流動。

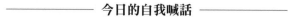

—————— 今日的自我喊話 ——————

我與大自然和光的循環連結，感到身體與宇宙的力量合而為一。

容光煥發的熟齡

老化不是病，而是一種有機的開展過程，當我們學著運用生命力，放下恐懼，我們便能以最美好的方式老去。

你會如何老去，你能掌控的程度超乎想像。研究顯示，疾病不一定和年齡有關。遵守健康的生活方式與飲食，利用預防性照護服務，用正面的方式和親友相處，比較有可能保持健康，不易生病。不論幾歲，你都能替身體帶來正向的改變。

從靈性的角度看待老化，你的觀點也會大幅改變，不只看見物質世界或自我。你將感到欣慰，因為你知道靈魂存在於超越時空的領域。

我認為人過了五十五歲，就不該再以年齡來決定身分，而是逐漸進入奇妙的「發現領域」。我建議完全棄用「老化」一詞，改講「演化」。雖然我們很難讓老人擺脫刻板印象，讓這個社會不再以老為恥，但是我們敏感人走在靈修的道路上，可以用更具建設性的方式來處理這個過程。

—————— **今日的自我喊話** ——————

我不害怕老去，不接受過時的刻板印象。我發誓以光芒四射的方式老去並演化。

謙遜

　　謙遜是最崇高的品質。謙遜是一種力量，不代表缺乏自信。謙遜是自戀或傲慢的反義詞。你向自己致意。你在宇宙中很渺小，但你是不可取代的。你知道在愛的浩瀚宇宙中，自己不過是很小的一個點。你透過行動、工作與行為，為愛盡一份力，這是崇高的目標。謙遜與同理心互為表裡。謙卑的人關心他人，知道所有人是平等的，沒有誰比誰重要。

　　謙遜能讓你承認自己錯了，接納他人的需求。謙遜讓你有彈性，不再堅持己見。當你的自尊試圖插手，加以觀照，拒絕接受自尊蒙昧無知（但通常很誘人）的要求，例如堅持自己是對的。盡你最大的努力抱持謙遜的精神，關懷他人。孔子有明訓：「謙遜是所有美德的基礎。」

───── 今日的自我喊話 ─────

　　我會在生活中保持謙遜，在世上行善，不被自尊或貪婪誘惑，認為自己比別人高尚或低下。

淨化心靈的淚水

不論男女，淚水是勇氣、力量與真誠的象徵。我在行醫過程中，一再見證淚水具有治療的力量。流淚是你的身體在釋放壓力、難過、憂鬱、悲傷、焦慮和沮喪。此外，有時是喜極而泣，比如孩子出生或度過難關之時。

我感恩能哭出來的時刻，我感覺獲得了淨化——哭可以排掉壓抑的情緒，帶走共感人的壓力症狀，如疲憊或疼痛，不再積存於體內。

我鼓勵哭，哭可以讓人保持活力，釋放壓力。淚水能帶來無數的健康好處，和海水一樣含鹽。除了可以保護眼睛，讓眼睛保持濕潤，移除刺激物，也能排掉壓力荷爾蒙，而且帶有抵抗病原體的抗體。

想哭就哭。每當你吸收到他人的痛苦，或是正在處理自己的情緒，淚水會幫助你用更快的速度復原。如果哭不出來，那就想著不舒服的事，引發哭的衝動。在哭泣時意識到自己的情緒，將能快速釋放痛苦。如果碰上快樂的事，也可以允許自己在一瞬間被擊中，流下歡樂的淚水。

———————— **今日的自我喊話** ————————

我把流淚當成自己在表達內在的力量與真誠，不壓抑淚水，讓眼淚自然地流下。

我是靈性的存有

你遭遇的每一件事、遇到的每一個人,都注定要教你某件事。從最正向的角度來看,你獨自來到世上,也將獨自離開。在中間那段稱為「人生」的期間,你可以培養愛與慈悲,帶著這些特質繼續踏上靈性之旅。

一心向善說起來容易,做起來難。你必須對自己、對他人慷慨大方,但小心不要過度認同物質的世界或你的肉體。然而,也要向這個世界和身體學習,從所有的人生經歷中學到東西,成為一個好人——這是值得記上一筆的靈性成就。每一天的每一刻都要讓自己發出更明亮的光。允許自己的靈性與愛以更強大、更有自信的方式展露出來。

─────── **今日的自我喊話** ───────

我是靈性的存在,我正在走過身為人類的體驗。我接受我的挑戰,發心向善,同時不斷培養慈悲心。

我負起責任

　　情緒成熟的意思是以謙卑的心態,替自己的行為與情緒負起責任。猶太教在這個月過贖罪日;在這個傳統節日,人們在心中反省並承認傷害到他人,然後負起應負的責任。你以憐憫的心態反省自己曾經沒做好、不體貼的地方,甚至刻意造成傷害。勇於承認,能讓你放下心中的重擔,不再內疚,有機會盡量彌補。在今天回顧這一年來的時光,鼓起勇氣負責,消除業障。你可以在心中默念或大聲講出以下幾件事,也可以寫在日記裡:

- 我該負責。
- 我傷到人。
- 我造成了傷害。
- 我自私。
- 我吝嗇。
- 我沒有盡全力去愛。

　　你可以自由填上自己的情形。負起責任,讓你排解負面能量,替來年定調,期許以慈愛之心過活。

──────── **今日的自我喊話** ────────

　　我為自己可能造成的傷害負責。我願意承認自己的不足之處,留意自身行為如何影響到他人。我想變得更有愛、更富有覺察力。

彌補

彌補是指替自己的行為負責，重獲自由。你可以藉此重新開始，消除人際關係中的負面感受。你愈快贖罪，就愈能放開過去的傷害。

改過向善，意謂替某個造成傷害、令人不舒服的行為道歉，不再造成別人的痛苦。你可能在匆忙間對朋友不禮貌，或是對另一半講出不好聽的話。你批評別人，講別人的閒話，或是沒顧到敏感孩子的情緒需求。比較具體的大型「生活」彌補，可能包括償還債務、協助先前無力幫忙的朋友，或是歸還他人的物品。你可以誠心告訴對方：「很抱歉我傷害到你／我沒在你身旁／我在金錢上不負責任。」

彌補可以讓你與他人不再背負怨氣。你造成的傷害有時無法挽回，但可以盡最大的努力改善情況。

接下來一星期，每天晚上回想當天或過去需要彌補的事。以謙卑的心和某個人重修舊好。

今日的自我喊話

即便我的自尊心不願這麼做，我會盡力彌補我傷害過或沒有體貼對待的人，以謙卑的態度面對他們。

不再憎恨

　　憎恨是指你感到受傷或別人虧待你之後，心中一直沒熄滅的怒火。從同事對你沒禮貌，到另一半背叛你，我們很容易滿腦子想著令人憤憤不平的事。如果你問朋友，大多數人大概會認為你有權利討厭那些人。沒錯，有人對你不好，你有權生氣，感到受傷。然而，你想當那種尖酸刻薄的人嗎？試著放掉怒氣，用慈悲淨化怨恨。

　　佛陀說，抓著恨不放，就像是「抓起燒熱的煤炭，想要丟向別人，被燙傷的人卻是你。」怨恨只會傷到你，害自己陷入痛苦，甚至執著於報復。你可以把憤恨之事寫進日記。一旦知道自己在氣什麼，放下仇恨，便能讓頭腦清醒，增加能量。放下仇恨讓人鬆一口氣，專心過眼前的生活，不困在過去，不再每天重複同樣的抱怨。你得以自在享受廣大無邊的愛、仁慈與群體生活。

────────── **今日的自我喊話** ──────────

　　我會挑一件讓我憤恨不平的事，祈禱自己能夠放手，繼續前行。不抓著事情不放，不想著維護自尊，我會感到了無罣礙。

熱情的臨在

在你踏出加深愛與同理心的每一步，都讓自己的臨在更有活力、更有熱情。你致力於釋放自身停滯的部分，讓自己的臨在更有說服力。想像你放下後悔與怨恨，拋掉讓你陷入小我的舊觀念，你將感到多麼神清氣爽。心中背負的情緒包袱有可能壓垮你，放下對你有益而無害。

你在共感人的旅途中，點燃明亮旺盛的慈愛火焰，吸引他人，傳遞希望。這團火能保護你，協助你抵擋世上的負能量與壓力。當你散發更多光，你的慈悲心會增長，其他人也能感受得到。你將讓人感受到熱情的臨在。

────────── **今日的自我喊話** ──────────

我將意識到自己的臨在如何變得更有力量、更真誠，也對自己的敏感天賦益發感到自在。

在收穫月冥想

「收穫月」（harvest moon）這個滿月，大約出現在九月的秋分前後，為秋季帶來一個特殊的夜晚。當天夕陽下山後，月亮將很快升起，傍晚的月色異常皎潔。在過去的年代，收穫月把夜空與大地照得特別明亮，方便農夫收成夏季的作物。此外，收穫月的景象令人驚嘆，月亮顯得特別大、特別亮，勝過其他許多月份的滿月。

收穫月也能讓你收割先前播下的種子，辛苦勞動有了結果。想一想以下幾個問題：

- 我今年設定了哪些目標？
- 我因為努力工作獲得哪些好處？
- 我希望進一步拓展哪些領域的成就？
- 我希望如何深化關係？
- 我身為共感人有哪些成長？

想一想如何解決尚未完成的事，以嶄新的樂觀心態，進入一年的最後三個月。

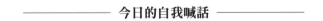

今日的自我喊話

我感謝今年在工作、關係與共感人的成長等各方面獲得的獎勵。

295

別吵，我在冥想！

冥想是不能打擾的神聖時間。記得關掉手機、關上門，請身邊的人不要干擾你。你需要凝神，才能從忙碌的日常事務，進入頭腦較清醒的安靜狀態。一旦安靜下來，你不會希望被打斷。冥想時，緩緩吸氣、吐氣，能協助自己放鬆，配合呼吸的韻律，允許內在的流動帶你到需要去的地方。你將開啟直覺，接收新的洞見與啟示。

我冥想時會在臥室門掛上「請勿打擾」的牌子。除非發生緊急狀況，不然非請勿入。如果你是最近才開始冥想，你可能需要教導身邊的人如何支持你。請他們協助你保護私人的時間，你可以說：「你真是體貼的另一半，幫助我冥想。」請大家支持你，讓你好好運用這段特別的時間。

─────── **今日的自我喊話** ───────

我會替自己創造安靜的冥想時間，不受干擾。我會和其他人溝通如何支持我，打造這些留給自己的安靜時間。

無爭

　　有人就有江湖，與人互動不免產生衝突。其實不論是工作、家庭或其他領域，某些時期將充滿衝突，某些時期則相安無事。你是共感人，紛爭會讓你耿耿於懷。就算只是隨口吵兩句，你也會很難過。你希望別人高興，但也需要講出自己的需求，也就是說，找到平衡很重要。

　　如果碰上衝突，先深吸一口氣，保持鎮定，不讓身體緊繃。不要因為一時衝動，說出追悔莫及的話。避免把別人當成「敵人」，我們很容易這樣對待所愛的人。你們只是暫時碰上僵局，要有耐心，不要強求某種解決辦法。試著聆聽他人的觀點，不下判斷，進一步理解對方的感受。

　　成功的衝突解決來自同理心與理解。道家哲學重視和諧，試著以和為貴，避免徒勞無益的爭執。準備好各退一步，永遠尊重另一方。大部分的事都可以解決，萬一無法解決，你可以同意雙方看法不同，接受沒有太大的進展空間。

────── **今日的自我喊話** ──────

我會以放鬆的姿態處理衝突，不咄咄逼人，火上添油，硬要看到結果。

疾病治療

　　如果生病了，把這場病當成靈性的教導。你需要用愛來關照這種身心不平衡，慈心則是治療的關鍵。你沒做錯事，這不是你的錯。不要相信生病是自己在靈性道路上沒達到預期的效果。

　　生病是休息與冥想的時間，你要聆聽身體的智慧與需求。你或許得忍受疼痛或不適，而緊繃會增加不舒服的感覺，所以愈放鬆、愈平心靜氣，就愈能輕鬆走過這段路。你要持續吐氣，身心放柔軟。萬一出現負面或害怕的念頭，比如「為什麼我還沒痊癒？」或「我永遠不會好了」，不要沉溺於這種想法。

　　想快點痊癒的話，不論是你告訴自己、別人告訴你，還是網路上看到的恐怖說法，都不要理會。專注於正面的結果，活在當下。最重要的現實是當下這一刻，還有你疼惜自己的程度。痊癒需要耐心，記得尊重自己的內在節奏。在生病與健康的時刻，和身體交朋友，讓身旁圍繞樂觀的朋友。留下充分的休息與充電時間，持續想像健康快樂的未來。

─────── **今日的自我喊話** ───────

　　我將以慈愛之心耐心對待疾病，把生病當成愛自己、照顧自己的機會。我會想像自己在現在與未來健康的樣子，而不是想著我病了。

共感或疑病症？

　　許多主流的醫生不曉得該如何正確診斷共感人，常常把共感人當成疑病症或「神經質」。事實上，共感往往被誤認是疑病症，因為症狀缺乏明顯的病因。

　　你是一塊情緒海綿，你的身體「無孔不入」，不斷處理環境與他人傳來的能量，特別容易演變成真實存在的身心症狀，尤其是特別疲憊或沮喪的時候。

　　相較之下，疑病症患者滿腦子都在擔憂自身的健康，以及潛在的健康威脅，但是他們通常並未吸進他人的負能量。他們的感受比較是恐懼在作祟，而不是能量造成的現象。此外，疑病症患者和共感人不同，對自我照顧的技巧如升起防護罩、冥想與設定界限，不會立即有反應。共感人使用這些技巧時，他們從外界吸進的不舒適則會立刻消失，能量回升，不容易出現疲憊、腎上腺疲勞或其他類型的「不舒服」。

―――――― **今日的自我喊話** ――――――

　　如果我滿腦子都在擔憂健康問題，我會轉換心態，想像自己感到健康有活力。我將聆聽身體訊號的智慧，優先照顧自己。

保持清醒意識

否認與無意識的危險，在於你會忽視直覺，失去準確的內在指引系統帶來的好處。若能保持清醒與覺察，你將體驗到生活中許多值得熱愛的事物，不會忙到無法欣賞路邊的小花，也不會累到無法享受大自然的餽贈、靈性與玩心。

定期冥想能協助你保有意識，訓練你深入自我，連結你的本質，甚至生命的本質。當你有意識地呼吸，你呼出的是身體的壓力與情緒殘留。

如何能保有更多意識？在正念之中輕柔地緩緩吸氣與吐氣。慢慢喝水，感受水能維持生命的奇蹟。聆聽內在的聲音。把節奏慢下來，看見周遭的美——**真正看見**。接著以澄明與慈悲的眼界，享受到生命的極致慈愛能量帶來的好處。

------ **今日的自我喊話** ------

我會保持對自己、對關係及廣大世界的清醒覺知。如果陷入無意識或否認的狀態，我會立刻發現，回復清醒。

共感人的榜樣

你可以從正向的模範身上，大量學到如何當個有力量的共感人。留意你欣賞的人士。他們具有同理心、關心他人，尤其是致力於自我照顧。

觀察那些人如何獲得滿足感與喜悅；他們是如何給予又不過度付出；也觀察他們規畫多少獨處時間，在大自然或其他能恢復元氣的地方休息，從事娛樂活動。此外，和他們談一談共感人會遇到的問題、瞭解他們是如何克服，也可以深入探討他們尚在處理的敏感性格議題。若要成為有力量的共感人，一路上要持續探索新知。

如果生活中沒有合適的榜樣，可以尋找示範過同理心、自由與寬容的公眾人物、英雄或歷史人物，如金恩博士、聖方濟各亞西西（Saint Francis of Assisi）、愛蓮娜・羅斯福（Eleanor Roosevelt）、聖雄甘地或榮格（Carl Jung，榮格是我的榜樣，他率先提出直覺在精神醫學扮演的角色）。閱讀他們的事蹟，模仿他們如何追求正義、關懷世人、展現同理心，在世間行善。

--- **今日的自我喊話** ---

我將找出我的共感人模範，向他們學習如何更完整、自豪、明智地表達共感力。

馴服自我

自尊心同時具有光明面與黑暗面。從正面的角度來看,自尊心讓你強烈意識到自己,提供追求夢想所需的自信。當自尊心薄弱,你會缺乏決心,無法創造自己熱愛的生活。然而,失控的自尊心將造成自私、浮誇與傲慢,永遠感到自己很重要、自己是對的,導致人們對你敬而遠之,而你對他人抱持同理心的程度也會有限。別讓過度的自尊心主導你的生活,聽不見神靈的聲音。

你要馴服自我,意思是既要運用自尊心的正面特質,也要退一步觀察自我膨脹的時刻。如果發覺自我開始膨脹,訓練它退回來。我學習道法時,馴服自我的練習是以正念觀照自我,留意哪些事會刺激它,不斷藉由冥想或反省回到自心。記住,自我源自你的頭腦,有著種種的不安與害怕,而謙遜源自你的心。

———————— **今日的自我喊話** ————————

我不會讓自尊心掌控我的人生。我以慈愛之眼看著自我,在自我失控時加以馴服。

操守

操守的意思是堅守價值觀，如誠實、同理心、愛心與靈性。當你面臨選擇，即便會失去友誼、工作或碰上不好的結果，你仍然選擇更有意義的道路，不放棄信念。

操守的獎勵是圓滿。一生忠於自我所帶來的喜悅是，你會滿意自己。不要因為害怕被人拒絕或恐懼失去，就出賣自己，背叛自己的價值觀或敏感天性。即便要付出代價，你會希望回首一生時，能夠自豪自己待人處事的方法。

當個有操守的共感人，善用你的能力，面對自己的天賦，永遠保持謙遜。你聆聽直覺，尊重身體的需求。堅持共感人操守的意思，還包括你想要理解他人的觀點，不把別人視為錯誤的一方。忠於共感的心，你將更完整地愛自己、愛他人。

──────── **今日的自我喊話** ────────

我會在一生中堅持操守，重視操守，不妥協自己的價值觀，做出違背愛的事。

寧靜禱文

接受是在關係中感到心平氣和的關鍵。如果你認定某個人的行為或某件事有問題，需要修正，你將永遠有不開心的理由。若能接受每個人、每件事或情緒，在那個當下注定如此，你就不會那麼死命掙扎，白費力氣。

與其把注意力放在你眼中別人的缺點，不如想著你能改變自己的哪些態度。無論你如何決定，都可以採取更穩定的立場。你可以選擇與朋友的行為設下界限、結束一段關係，或是調整工作。你也可以接受他人的樣貌，做出明智的抉擇，取代怪罪或大吵大鬧。雖然不一定能改變情況，這麼一來，你可以控制自己的感受與採取的行動。

練習接受時，停下來默念寧靜禱文：

請賜予我寧靜，

好讓我接受我無法改變的事；

請賜予我勇氣，改變能改變的事，

也讓我擁有分辨這兩者的智慧。

── **今日的自我喊話** ──

我會練習接受事實，不加以抗拒。我會對別人懷抱務實的期待，不試圖改變他人，也不試圖扭轉超出掌控的情況。

處理失去

　　愛必須下很大的賭注。當你愛得深，也代表你冒著失去一切的風險，可能必須承受失去帶來的痛苦與憂傷。有的敏感人寧可不去愛，理由是萬一失去某個人，有可能痛苦到無法承受。因此，他們拒絕很有希望的新關係，或是不肯把收容所的可愛動物帶回家，以免最終又得放手，讓心愛的人或動物離去。我理解那種恐懼，但我也知道愛是一切，愛會照亮我們的心與這個世界。

　　恐懼失去不必是你的主要動機。我知道這麼說不能百分之百達到安慰的效果，但是請選擇打開心門，也做好有一天必須傷心、療傷的準備。我依舊希望你選擇去愛。沒人說失去是件容易的事，但是哀悼同樣能使你自由，昇華到更高的精神層次與療癒的狀態。你全心全意為你失去的人傷心難過，但也持續讓生命中出現親密的關係。

—— 今日的自我喊話 ——

　　我的適應力夠強，能消化失去的痛苦。我夠強大，有辦法撐過哀悼的過程，冒險再愛一遍。

寬容

寬容是「讓自己活、也讓別人活」的哲學。你好奇不同的觀點、文化、精神信仰或生活方式，讓他人有空間做自己。寬容的意思是替多元持守空間，不製造「我們 vs. 他們」的心態。此外，練習接受我們與他人無力做好的地方，是學習慈心的關鍵。

我們在能量的層面上，也要培養寬容的精神，比如，碰上有人在健身房講話很大聲，或是青少年逼車，不要對那些人散發惡意。這裡的意思不是要你寬恕他們的行為，而是不浪費力氣痛恨你控制不了的事。

試著更寬容一點，別動不動就譴責別人（如果是虐待事件，自然另當別論）。每個人都有你可能看不到的難處。印度的問候語「namaste」（向你鞠躬致意）的原意是，「我體內的靈魂看見你體內的靈魂。」你不必同意，甚至不必喜歡某個人，但是你能尊重對方。

—————— **今日的自我喊話** ——————

我會對人更寬容，從「心」的觀點來看他們。大部分的人已經盡力處理自己碰上的挑戰。

戰、逃或僵住

焦慮會引發「戰／逃／僵住反應」。這是身體的自動生理壓力循環。碰上危險時，你的直覺是跟某個人拚了、逃離現場或僵住不動（包括情緒層面的愣住，或是因為太害怕／過載，身體無法動彈）。這幾種衝動能協助你存活，長期感官超載的共感人，通常隨時活在激動的狀態下，很累人，也不健康。

「戰／逃／僵住反應」也是一種保護機制。當你認為另一半試圖傷害你，便口頭攻擊他們；推開他們，可以避免處於脆弱的開放狀態。有人態度強硬，你也硬碰硬，而不是用更具同理心的方式處理。其他的可能則是迴避衝突或僵住。

找出哪些事會引發你的戰／逃／僵住反應，做好準備。是上司斥責你的時候？孩子大吵大鬧？擁擠的商場讓你幽閉恐懼症發作？知道自己的地雷，就能安排自我照顧策略，更有效地保護敏感的性格。碰到以上情境時，以更穩定的心回應。

──────── **今日的自我喊話** ────────

有的情境會引發我的戰／逃／僵住反應，我將留意那些壓力大的情境，想辦法快速讓身體鎮定下來，穩住身心。

療癒性觸碰

太多人缺乏觸碰或「維他命 T」（vitamin Touch，觸碰維他命〔我發明的詞彙〕），他們渴望真正的連結。關懷的觸碰能將正能量傳遞到全身。敏感人對傳達正能量的正確觸碰會有反應，比如朋友的擁抱、和伴侶親熱、同事拍背表達支持。

此外，有益於健康的按摩，也能讓你體驗到療癒性觸碰的力量，如瑞典式按摩、深度組織按摩或指壓按摩。看你的偏好，輕柔或使勁的按摩都能讓人放鬆，讓你的生物化學壓力反應平靜下來，淨化淋巴系統。你在療程中，釋放積在下背或肩膀等身體脆弱部位的情緒，讓那些感受流動。我建議把定期按摩加入自我照顧之中，讓自己身心舒暢，排掉從外界吸收的不良壓力或情緒。

───────── 今日的自我喊話 ─────────

我將補充生活中需要的「維他命 T」，探索接受療癒性碰觸的方法，包括按摩、擁抱親友。

森林浴

研究顯示，一般美國人超過九成的時間待在室內，所以不妨多接觸大自然。身旁有樹是很療癒的一件事。植物共感人特別喜愛成長中的綠色生命，他們深知樹木有多麼撫慰人心。

當你需要恢復精神，或單純想感受樹木的寧靜氛圍，請來一場「森林浴」。森林浴（shinrin-yoku）是日本的傳統療法，光是待在森林裡就能恢復活力。日本醫學把森林浴當成一種健康處方，屬於預防性療法。

如果你住的地方靠近森林，甚至是公園裡有小叢的樹林，定期去那裡待一待，打開各個感官——視覺、聽覺、嗅覺、觸覺，留意林中的鳥鳴與淙淙溪水等無數聲音，感受松葉或尤加利樹的芬芳，觀察樹葉的顏色、樹枝間舞動的光影。大口吸進植物大方分享的純氧，做起白日夢，感受樹的精氣。

今日的自我喊話

我會沐浴在森林的療癒氛圍裡，即使只有一棵樹也好。樹木能幫助我放鬆，讓思緒清晰。

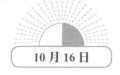

度過漫長的一天之後

　　身為共感人的你，有可能碰上常見的為難狀況：你才剛進門，另一半、孩子或室友就衝向你，要你做這個、做那個，或是分享他們一天的點點滴滴。即便你平日做的是有熱情的工作，下班時還是可能感到疲累。身體需要休息，精神也渴望一些寧靜和空間。

　　解決之道是建立明確的界限，在漫長的工作日結束、回到家之後能保護自己。我建議建立「十分鐘家規」（時間可以更長），給自己一段時間，適應回到家的狀態。不必講話，不必解決任何問題（這條規則也適用於其他回到家的家人身上）。回到你的房間，關上門，休息、聽音樂、冥想、換上舒服的衣服，或是單純什麼都不做。減壓過後，你更能鎮定地面對其他人。

────────── **今日的自我喊話** ──────────

　　我會以「十分鐘家規」等方法，和親人設下健康的界限。下班回家後，給自己一段放鬆的時光。與他人互動前，先把這段安靜的時間留給自己。

遭拒是上天的保佑

沒人喜歡被拒絕。被拒絕讓人感到受傷、不受重視,甚至被遺棄。許多人害怕被拒絕,預期會被拒絕,想辦法逃避,甚至會做惡夢。有的共感人因此變得急於討好別人,隱藏自身真正的需求,只為了避免被拒絕的可能。

那就是為什麼要從靈性的角度看待拒絕,不要因為恐懼而否認真正的自我。問自己:「對我來講,這次被拒絕有什麼更大的意義?是否是為了讓我更有自信?在困難的時刻堅強?避開危險?堅信人生要走正道?」寫下你的想法。

各位可以這樣想:我曾經多次親身體驗,或是在患者身上看到,拒絕有時是宇宙在保護你免於傷害。即便你很想和某個人談戀愛,非常想保住某份工作,但長期而言,那可能不是你的最佳選擇。你需要有足夠的信念才能相信這種「保佑說」,但事實一次又一次證明確實如此之後,你就能看出這種想法的智慧。更高的力量永遠看顧著你。

—————— **今日的自我喊話** ——————

我將思考「拒絕」更高層次的意義,把拒絕視為上天在保佑我,尤其當我強烈渴望某件事、無論如何都想得到,卻看不見事情全貌的時候。

該來的時候，自然會來

我喜愛聖經傳道書的這句話：「凡事都有定期，天下萬務都有定時。」聆聽你的直覺，與神聖的時機保持連結。如果你試著催促時機尚未成熟的事，你的期待往往不切實際，害自己萬分沮喪。如果你捺著性子，懂得等待、聆聽，曉得什麼時候該行動，每一天都將自然開展。

你的人生有專屬於你的時間表。或許你第一次結婚是在七十歲，或是在五十歲轉換職業跑道。你覺醒成為共感人的年齡，有可能是九歲或九十歲。這種事沒有對錯。你的內心準備好改變時，將催化一切。據說當你準備好了，導師將以某個人或某場經歷的形式出現。每件事都有自己的最佳發生時間，你要相信這一點。

—————— **今日的自我喊話** ——————

我會捺住性子，跟從直覺，不試圖推開尚未準備好開啟的門。我相信，我的人生目標與課題總有現身的一天。

化解抗拒

一天之中，留意你跟著生命流動與抗拒生命的時刻。流動讓人感受到活力、樂趣、喜悅，甚至是毫不費力。抗拒則讓人感到壓力大和緊繃，有如要把巨石推上陡坡。

遇到內外阻力時，停下來評估狀況。或許計畫到了該收手的時候，但你依然強行推動。朋友們大力讚美某人，儘管你沒有很喜歡對方，依舊說服自己赴約。或許你和同事吵架：你一直強調某個觀點，但同事不聽，卡在原處。

慈愛地評估你與他人的抗拒。想一想那可能代表什麼。要找到背後的意義，想辦法化解，而非硬逼。然後留意直覺帶來的新發現，比如你抗拒是因為時機不對，做某件事的時刻還沒到。

此外，讓身體動一動也能減少抗拒。寫下自己可以運動的方式，包括伸展、呼吸、瑜伽、冥想或到水邊散步，接著去做。如果一段關係卡住了，再度溝通時，提供化解阻礙與爭執的空間。化解抗拒能讓頭腦清醒，避免以不明智的方式，拚命移除障礙。

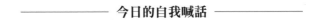

今日的自我喊話

我碰上阻力時會持續呼吸，釋放頑固與倔強，溫和地對待自己。

在身邊陪伴的力量

對我而言，朋友與伴侶最重要的特質是言行合一和親密的能力。判斷方法是在我需要的時候，他們會為我而在。親密關係需要信任，才能安心展露脆弱的一面。有可靠的基礎才能令人安心。

有的人會在你需要的時候出現，表達「我關心」、「我重視我們共度的時間」。不論是替你慶生、在你心情不好的時候加油打氣，或是只是一起看電影，他們都在證明你可以依賴他們。人們的確有時會為了自己的事焦頭爛額，沒辦法待在你身旁，但是真正的朋友通常不會一直取消會面，也不會住在離你很近的地方，卻只捎訊息說：「我精神上支持你。」好友會在人生的高低潮相互陪伴，愈來愈信任彼此。

--------- **今日的自我喊話** ---------

我找朋友的標準是對方會不會在我需要的時候現身，而我也會投桃報李。我會避開那種答應要出現、卻無法遵守諾言的人。

一步一腳印

這個世界太過匆忙。我有許多高成就的患者，希望也期待努力會立刻見效。一旦看不到效果，便躁動不安，發脾氣，批評自己——這是自信心低落與倦怠的前奏。

我是共感人，我看事情的方式不一樣。急會讓我很累，也會因此出錯。我知道按照自己的步調走有多舒服。我的桌上有一個迷你的烏龜石頭圖騰，提醒我「緩慢但穩定、不放棄但有耐心」的美德。牠們專心踏出一小步、一小步，在沙上留下金色腳印，一路朝著目標前進，展現智慧。

最快樂、最成功的人經常提到自己一步一腳印，做出帶來正面結果的一個個選擇，逐漸朝目標邁進。每次的小勝利加在一起，最終帶來持久的重大成就。

────────── **今日的自我喊話** ──────────

我會以健康的步調生活，避免匆匆忙忙。我珍惜每天踏出的一小步，每天持續有進展。

做自己就夠了

我們都有懷疑自己的時期。開始自我懷疑時，例如，感到自己不夠有魅力、不夠聰明、不夠成功，甚至不夠有靈性，念誦以下的肯定語，放下各種恐懼，肯定自己是有愛的人。愛蓮娜·羅斯福說過：「除了你，沒人能讓你感到自卑。」

我很好。

我不必向任何人證明我的價值。

我不必做我不是的人。

不必假裝我不敏感。

不強顏歡笑。

我對自己很滿意。

我愛自己。

我感謝人生帶來的機會。

───── **今日的自我喊話** ─────

我將持續覺醒，看到最好的自己。我不會自認不如人，也不會自認比人強，光是做自己就夠了。

要開心或是吵贏

設定好關係的優先順序。你寧願和睦相處，還是上演連續劇？發揮同理心或一味責怪？你能否妥協，還是永遠想當有理的那個人？如果你表現出無所不知的樣子，可能會遭受強大的阻力。選擇做正確的事則能改善溝通。

你的自尊可能跑出來攪局。即便你知道自己是對的，避免這種事的方法是問自己：「我想要開開心心，還是吵贏別人？」你有選擇權。你可以在對方不肯退讓時，仍不停強調為什麼該同意你的看法，或者你可以暫時擱置這件事，接受彼此的看法不同。

如果是不重要的爭論，我甚至喜歡讓別人「贏」。如此一來，我和對方都會鬆一口氣。比如有朋友堅持「抵達某處要一小時」，就算我知道根本不用那麼久，我也不會爭論下去。

你讓別人當「對」的那一方，他們會很興奮。你可以送他們這樣的禮物。你不必被踩在腳下，也不必忽視大議題，只是留意哪些時候爭論也沒意義，製造的問題比解決的更多。

—————— **今日的自我喊話** ——————

我不必是萬事通，也不必由我一錘定音。我有時會讓別人辯贏，發現他們有多開心。

你的佛性

每個人都有高我，有佛性，那是一片廣大無邊的光亮意識。這才是真的你——超越恐懼、憤怒或不安等罣礙。許多人抓著有限的小我不放，無法與開悟的佛性連結。修行之路的重點是移除所有的障礙，知曉自己的佛性。

道教老師告訴我：「佛陀心中有善與魔。」隨時警惕自己黑暗的一面，餵養善與慈悲。如果維持覺照力，這麼做就成為有意識的選擇。由你主導要當什麼樣的人——你能否抗拒出於恐懼的思考，投身愛的陣營。耐心地一層層剝去讓你無法認識自身佛性的無意識與恐懼，你內在的光將和太陽一樣明亮。

———————— 今日的自我喊話 ————————

我會觀想我的佛性，選擇滋養我尊敬自己的地方，餵養內在的悲憫心與光明。

脆弱與堅強

當個有力量的共感人很奇妙，既脆弱又堅強。我希望讓大家不再誤解，以為我們只能是其中一種，無法同時擁有看似相反的特質。你其實需要具備強大的力量，才能卸下保護自己的盔甲，接觸強烈的真實感受，拿出勇氣直接面對恐懼、焦慮或憂鬱。

儘管找出保護策略是好事，可以協助你抵擋壓力與有毒的情緒，但是別因為防衛心過強而犧牲你的脆弱。你每天需要多次運用直覺，探知人際互動的能量，才知道何時要對他人打開自己，何時則該保護自己。你可以隨機應變，決定要在某個情境下表現脆弱的一面，或者選擇提升防禦。

今日的自我喊話

我可以脆弱又堅強。我做決定時能發揮洞察力，把直覺當成內在的引導系統。

保留稜角

你的稜角讓你有趣。那是你狂野與發揮創意力的一面，讓你忠於自己的感受。你展現稜角時，不掩飾自己的看法，也不執著於別人如何看你。你表達與生俱來的才能與性格。

這些年來，我看到許多共感患者由於過度付出，喪失獨特的一面。他們犧牲自由的靈魂，試圖取悅每個人，包括伴侶、父母、上司與孩子。他們變得太討喜、太聽話，甚至畏首畏尾。然而，人需要有稜角，才能自由思考，發揮稀奇古怪的創意。那些共感人最終覺得自己被困住，悲憤不已，害怕已經喪失部分的自我。

你的稜角是身為共感人的重要面向，你永遠可以重新露出稜角。回想你的稜角是怎麼回事，帶來什麼感受。這個部分的你想要表達什麼？它是否感到窒息？想掙脫束縛？你如何讓你的稜角重獲自由？當個好相處的人沒有錯，但也請保留自己的稜角。

───────── **今日的自我喊話** ─────────

我會做真正的自己，不因害怕得不到贊同而犧牲稜角。我將重視我的稜角與自由的靈魂。

痛和苦不一樣

痛是指不舒服的身體或情緒感受。中醫認為，痛是因為重要的生命力「氣」堵塞了。苦則是你對痛的反應，也就是你如何看待與感知那些感覺。

人生難免有痛的時候，但有一句話說：「苦是甘願的。」你告訴自己的痛的故事，將放大你的苦。心懷恐懼地胡思亂想，有可能是你最大的敵人，譬如想著「我的背痛永遠不會改善」，還是「這只是暫時復發，我復原後會比以前更好」。此外，抗拒痛的感受也會增加苦。緊繃將造成雪上加霜，所以要盡量放鬆，對著痛持續呼吸，緩解你的苦。

你愈是穩住心神，向神靈臣服，不舒服的感受便會減少。你可以記住一個公式：過度掌控＋思慮過度＝肉身與情緒身的痛，因此放手與不要想太多，都可以減少你感受到的苦。

─────── **今日的自我喊話** ───────

我在痛的時候會溫柔對待自己，不恐懼，不想像最糟的情況，讓事情雪上加霜。我會維持平靜的心，減少自己受的苦。

脫離萬千煩惱

佛教與道教都談到萬千煩惱。從煩惱著待辦事項、不停回想某段痛苦的對話，一直到關注世上的苦難，心智以各種方式讓你聽不見內心的聲音，擋住修行的道路。你的心只要抓著萬物中的一樣不放，便會思緒混亂。

穩住你的心，打敗這些干擾。不過，與其強迫讓心平靜下來（只會感到更煩），不如給心找些事情做。數呼吸非常有用，方法如下：

吸氣，數到四，閉氣，數到四。接下來，吐氣，數到四，休息，數到四。一口氣連做三次這個呼吸練習，接著至少冥想十分鐘。

你的心有事做的時候，就不會去想萬千煩惱。

────────── **今日的自我喊話** ──────────

冥想時，我會一邊呼吸，一邊數數，讓心安定下來。我不會受任何事干擾，保持和萬里無雲的晴空一樣的平和、清明。

治療創傷

　　共感的孩子有可能在成長過程中經歷各種程度的創傷。創傷來源包括被吼、聽見父母或手足在爭吵，或是被恥笑、責怪、虐待、霸凌。就連家裡有密集的噪音或雜亂，也可能造成創傷。在這些情境下，共感孩子高度敏感的系統有可能吸收到比別人更多的壓力。

　　你的過去現在可能仍影響著你。當你在成年後接觸到類似的刺激，比如和另一半吵架，你會出現過大的情緒反應，因為你回想到最初的創傷（這種情形類似退伍軍人誤把車子回火時砰的一聲，當成炸彈爆炸）。創傷後的壓力會導致身體無法完全回到這次事件之前的鎮定狀態，甚至也回不到最早事件發生前的原廠設定。你會永遠有點不安，隨時隨地提高警覺，想保護自己，不再碰到威脅。

　　寫下你經歷過的任何早期創傷（沒有創傷會「小」到不算數），接著留意你在配偶、同事或其他人面前的創傷後壓力反應。這次你知道會沒事的，不用驚慌。此外，請治療師協助處理最初的創傷，定期按摩或接受能量治療，清理身體殘留的任何創傷。

--------- **今日的自我喊話** ---------

　　我會找出早期的創傷，留意我的創傷反應有可能重複出現在今日的關係裡。我有能力治癒這些傷口。

不再感到羞恥

羞恥是一種被汙辱的痛苦感受，來自於有缺陷或不如人的感覺。你嚴厲批評自己，害怕達不到自己或他人的標準。

羞恥通常來自童年，像是父母或老師私下責備你，更糟的是公開罵你。你可能被同學虐待或霸凌。或許曾經有人對你說：「你怎麼那樣做，你白痴啊！」「你什麼都不會。」在我的少女時期，母親經常在她的朋友面前說：「茱迪斯，要不是妳穿那種衣服，頭髮又亂，妳其實長得很漂亮。」那種話自然讓我感到丟臉，被人看不起。公開羞辱會留下抹不去的痕跡，除非刻意用慈愛治療揮之不去的羞恥感，否則羞恥會一直停留在你的意識裡，扭曲你成年後的選擇與關係。

寫下你在哪些方面感到丟臉，例如你的外表、聰明程度、財務狀況或高度敏感的性格。找出當初是誰羞辱你，讓有力量的自我告訴受傷的你：「這些都不是真的。那些人太殘忍了。」用慈悲來對抗有害的羞恥感。

───────── **今日的自我喊話** ─────────

我在各方面都值得成功。萬一我對自己的某個地方感到丟臉，我會用富有同情心的想法取代。我會治療過去被羞辱的經驗，不再感到羞愧。

擁抱你獨特的魔力

你有獨特的魅力與魔力。萬聖節與亡靈節（從 10 月 31 日晚上慶祝到 11 月 2 日）提供了完美的時機，讓你表達神奇與直覺的自我。在這幾天，特別留意並順從直覺、夢境或任何靈感。你可以戴上面具，穿上道具服裝，也可以透過私人儀式悼念過世的親人（有一種拉丁美洲習俗，會在祭壇撒上金黃色的金盞花瓣，一旁擺放蠟燭與過世親人的照片）。

此外，如果你很幸運，有小朋友找你玩「不給糖就搗蛋」，讓他們可愛純真的模樣帶給你喜悅。他們稚嫩的童音與發揮想像力的裝扮，可以點燃你的玩心與實驗精神。如果今晚不想社交，也可以探索內心。冥想時聆聽直覺，懷念在彼岸的親友。

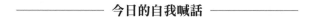

今日的自我喊話

我會承認我是神祕的存在，充滿奇蹟、驚奇與直覺。我發誓永遠不會忽略神祕的自我。

不想出門！

隨著日子變陰變冷，你直覺想窩在家不出門。家裡感覺安全又溫暖。你可以儲糧，準備好喜歡的食物、書籍、音樂，接好網路。安靜待在冥想空間裡，和你的動物一起玩。此外，如果能遠距工作，還可以避開通勤與辦公室政治的壓力。

然而，待在家有好有壞。你可能和許多共感人一樣不愛社交，但是躲起來太久又會感到寂寞。雖然在家比較能掌控自己暴露於多少刺激，除了同住的人，你可能缺乏人際接觸帶來的正能量。如果你因為一直待在自己的窩裡，開始感到孤單，可以在秋冬的月份找到平衡。既尊重自己想冬眠的欲望，也收割人類世界的好處，被生活的熱情點燃。

────── 今日的自我喊話 ──────

我會給自己需要的獨處時間，但避免太過極端。我會平衡冬眠的欲望，以及與人連結的需求。

穿暖一點

天氣冷的樂趣是可以穿上保暖舒適的衣物。夏天的衣服很薄，有的共感人會感到暴露、不自在。秋冬的衣服則能把自己包起來，穿上有帽子的外套、羽絨背心，戴上圍巾及鋪了軟毛或天然纖維材質的手套。晚上，你可以穿法蘭絨睡衣，睡在溫暖的法蘭絨床單上。碰到暴風雪或天寒地凍時，讓腿和腳保暖，穿上厚重的喀什米爾羊毛襪或棉襪，套上緊身褲與結實的靴子。

你可能和許多共感人一樣，受不了某些布料，不喜歡刺刺的粗羊毛，或是覺得套頭毛衣很拘束，緊包著脖子。然而，柔軟的棉、絲或法蘭絨能讓你感到很舒服。找出自己的偏好，挑選會讓身體舒服的衣物。

──────── **今日的自我喊話** ────────

我喜歡用能夠禦寒的衣服包住自己。在寒冷的季節，我會用舒服的衣物把自己安全地包起來。

無底之底

　　人生充滿變動。如果一下子湧上太多東西,你可能會承受不了,引發感官超載。有時你會碰上強烈的情緒瘋狂打轉。**即便如此,你還是承受得了**。你的焦慮會說:「我受不了了!」但從更深的層面來看,你經歷的所有負面情緒和事件,你完全有能力從中成長。

　　如同佛教徒所相信的,無底之底永遠支撐著你。當你碰上創傷事件,或是被過度的刺激淹沒,無底之底還在。當你必須召喚自認缺少的內心力量,一種無形的慈愛精神支撐架構將保護著你。冥想時,用直覺探知這個神聖的安全網,讓這個真實存在的網絡撫慰你。人生的本質是暫時的,但無底之底永遠存在。

—————— **今日的自我喊話** ——————

　我的下方永遠有個無底之底。我相信永遠存在的愛之網將撐住我。

憂鬱是導師與治療者

治療憂鬱是神聖的努力，也是靈性轉變的機會，提醒你檢視人生可能需要做出的改變。然而，憂鬱有可能讓人極度低落，「黑暗」是經常出現的形容詞。

不過，我依舊相信憂鬱和許多靈性道路一樣。如同神祕主義神父聖十字若望（Saint John of the Cross）形容自己從絕望到整全的旅程，憂鬱這個「靈魂的黑暗之夜」，有可能是靈性發展中獲得啟示的階段。我建議你以這種方式看待憂鬱，尤其是程度嚴重的話。從生物化學的觀點來講，憂鬱不只是缺乏血清素（身體的自然抗鬱劑）的問題，有的神經精神科醫師稱之為「情緒失調」。憂鬱也是一個很困難、但很有意義的挑戰。即便一切看似無望，你要對自己有信心，最終能在黑暗中找到光。

---------- **今日的自我喊話** ----------

如果我感到憂鬱，我會專注於當下，向治療師與朋友尋求協助，用愛照顧自己。我沒做錯任何事，憂鬱不是我的錯。我願意接受這場經歷帶來的靈性課程。

心知道何時夠了

不論是痛苦的關係或負面的情緒模式，當你來到一段路的尾聲，你的心知道何時該打住。

如果你感覺累到無法繼續，或是需要停止幫助拒絕協助的人，你的心知道何時已經夠了。

當你工作過頭，無情地鞭策自己，你的心知道什麼時候應該告一段落。

當你不斷怪自己為什麼沒獲得應有的升遷，你的心知道何時該放手。

有的人沉溺於痛苦，一想到要放手或戒掉不健康的習慣或遠離某個人，有可能感到極度難受、悲傷。你需要哀悼失去的人事物，或是下定決心等待未來的解決機會。只是現在門是關上的。如果你無法接受，一直回到徒勞無功的情境或心態，只會更加沮喪痛苦。有些事情已經結束了，就這樣。尊重這個神聖的結局，你便能讓傷口癒合，繼續前行。

—————— 今日的自我喊話 ——————

我明白某些關係或某些事一定得做個了結。我聆聽心傳遞的訊息，知道如何照顧自己，放掉不再合適的人事物。

安息日

每星期休息一天。沒辦法的話,至少也要休息幾小時。找最方便的時間休息,比如猶太教與基督教傳統上在禮拜六或禮拜日休息。這個神聖的停頓能讓你忘卻世俗的煩惱,把重點放在讓身心靈恢復精神。

創世紀將安息日定為第七天的神聖休息,神在那天停止造物。十誡中的一條說:「當記念安息日、守為聖日。六日要勞碌作你一切的工作,但第七日是安息日。」

你可以按照這個傳統儀式,將安息日納入生活中,避免倦怠。永遠在忙碌或隨時在工作,都十分地累人。不論你心中的工頭如何勸你回到壓力大的活動,暫時不要理會。在安息日深吐一口氣,暫時停止所有追求目標的努力。

──────── **今日的自我喊話** ────────

我會在生活中定期安排安息日,恢復精神,重新打造自己。我會簡單地休息與冥想,滋養我存在的本質。

瑜伽的時鐘式

做做看以下輕鬆的瑜伽姿勢，讓身體變成一座時鐘，放鬆並舒展一下：

首先，往右邊側躺，雙膝併攏，抱在胸前。接下來，雙臂伸直在你的前方，一手搭著另一手疊在一起。這是九點鐘的姿勢。接下來，右手繼續伸直在你的前方，左手開始緩緩沿著身體繞圈，就像是時鐘的秒針，滴滴答答。前進到十點鐘的姿勢，再來是十一點，然後是午夜。當你抵達一點，讓愈來愈大的伸展，自然打開你的胸口與心臟部位。身體會在手臂的帶領下溫和地轉動。以你自己的步調移動。繼續讓左臂劃過時鐘上的數字，直到回到九點鐘的姿勢。總共做三輪。

完成後，躺到左側，但這次從手臂指向三點鐘開始。

這個瑜伽體式讓你的身體有如時間般流動，打開胸口與肩膀的區域，釋放壓力與阻塞的情緒。

────── **今日的自我喊話** ──────

我會實驗看看，將瑜伽當作自我照顧的方法，更完整地安住在身體裡。我讓身體變成時鐘，趁機伸展並放鬆。

同理心商數

我比照 IQ 的邏輯，提出「同理心商數」（empathy quotient，簡稱 EQ），計算某個人具有的同理心程度。評估同事、朋友或親人同理心商數的方法是，問自己：「他們真心關心他人嗎？他們能否站在別人的角度瞭解事情？他們是否聆聽自己的心，不只是遵從理智？他們能否替他人持守慈愛的空間，讓對方表達情緒，但不急於替他們解決問題？」

如果某個人完全符合這些標準，那麼他的同理心商數很高。如果只符合其中幾項或一項也不符，那麼他的共感能力有限，甚至缺乏同理心。即便透過正念覺察與專心聆聽的技巧，可以培養同理心，評估某人目前能付出多少同理心，也是實用的作法。在培養親密關係、選擇可以講心事的同事或朋友時，請留意這個人的同理心商數。

這個世界需要更多具備同理心的領袖、父母與各行各業的人士。即便你不同意別人的觀點，同理心能讓你瞭解他們為什麼那樣想。同理心能搭起橋樑，開啟溝通的管道。

────────── **今日的自我喊話** ──────────

我會接近有同理心與愛的人。我會留意人們的同理心商數，實際瞭解他們關懷與支持他人的能力。

增強免疫系統

　　增強免疫系統的基本策略是充分休息與獨處，減少感官超載。承受太多刺激時，你的生物化學壓力反應有可能破壞免疫功能，讓腎上腺負擔過重，導致自體免疫疾病。自我照顧的技巧，如定期冥想與運動，可以協助你保持鎮定、快樂，不容易發生腎上腺倦怠。

　　秋冬是感冒的季節，最好採用健康的飲食，包括蔬菜、水果、堅果、種子，以及維他命 C 補充物。你也可以服用益生菌，平衡腸道菌群，或是吃香菇等提振免疫力的藥用真菌。經常洗手也能減少暴露於病菌的機會。以下幾種減壓方式能讓你戰勝疾病，例如：不胡思亂想、避免匆匆忙忙、減少接觸累人的人。

―――――――― **今日的自我喊話** ――――――――

　　我將從事正面的健康活動，提振免疫系統，不讓恐懼疾病的負面想法占據腦袋。

美好感受

在今日感到開心，享受走路的樂趣，觀看、嗅聞、聆聽生活中的創意表達。高舉雙手慶祝。把注意力放在身體輕鬆的部位，不要一直煩惱疼痛或有問題的地方。吃東西慢慢吃，品嚐不同食物的美味之處。專心喝一杯水。選擇有助益的正面念頭，不餵養任何破壞寧靜心情的負面或恐懼感受。改成觀照美好感受之後，你能選擇重視健康與振奮人心的心態，與最大的幸福感同步。

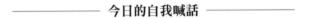

今日的自我喊話

我會掌控我將關注哪些感受與想法。我允許自己感受美好，積極正面，感受不被阻擋的快樂。

規律生活的安全感

建立固定的日常生活作息，將使你安心過生活。敏感人會在一天之中感受到很多的情緒、想法與靈感，而穩定的環境能讓你安定身心。舉例來說，固定在幾點起床、規律飲食，分配每星期工作、玩樂、運動與冥想的時間，就能提供一個不會讓人感到壓迫的架構。反過來講，如果作息混亂，花太多時間社交或者獨處時間過長，你會感到內在混亂不安。

我寫書的時候，經常處於時間不存在的特別狀態。那就是為什麼我偏好「千篇一律」的日常架構——早早上床睡覺，在固定的時間用餐，在相同的地點工作。這種架構能幫助我接收靈感，減少干擾。

花時間寫下讓你感到舒服的日常架構。你是早睡早起的人嗎？你喜歡何時吃飯？你在哪些時段工作效率最高？你喜歡在什麼時候冥想，是晚上、下午或早上？瞭解這一類的偏好，能讓你舒服又自在。

--------- **今日的自我喊話** ---------

我不會過分規畫一天。我安排的每日作息，將帶來井然有序的生活，但也有即興發揮的空間。

幸福的家庭生活

　　努力對同住一個屋簷下的人感到滿意（包括自己），眼裡不要只有他們的缺點。我們感謝家人帶來了陪伴、笑聲和人際接觸的各種好處。別把任何人、任何事視為理所當然。能同桌吃飯、討論一天中發生的事，甚至隨便聊聊天，都很珍貴。回顧一生時，這種微不足道的時刻顯得特別有意義。我們的日子就是由閃亮的金線將這些時刻編織而成。每個微笑、每次另一半說「親愛的，晚安」或「下班見」，都會帶來愛及滿足感。

　　此外，也要對自己滿意：不論是你的一舉一動、吃飯的方式、外貌、與他人互動的模式，我們都太容易陷入自我批評，只想著半滿的杯子。留意那種負面的誘惑，拒絕那種想法，懂得感恩。人生奇妙又美好。用欣賞的眼光看待自己與他人，將帶來對自己、對家庭生活的滿足感。

────────── **今日的自我喊話** ──────────

　　今天，我很滿意我的家，也滿意住在裡面的人，包括我自己。家是心之所在。

別回頭

過去是你個人歷史的一部分，協助你成為今天的你。然而，「現在」才是你目前的現實。太多人有如掉進流沙，沉溺於過去。小心別這樣。

別留在過去，不斷在人生中前行。不要困在先前的失望、痛苦、背叛與艱辛時光之中。從中學習，不犯同樣的錯誤，但繼續前進。另外也要小心，不要把從前的戀人、導師或朋友想得太美好，認為目前生活裡的人全比不上。感謝過去的快樂與痛苦教會你的事，但也要持續生活與學習。

現在這一刻的光線很明亮，未來尚未展開。把視線放在翱翔天際的紅尾鵟或新降的白雪，聆聽林木間的蕭蕭風聲，保持覺知，看見愛你的人對你微笑——這是你得到的祝福，別忘了感受他們眼中及心中發出的光。

--------- **今日的自我喊話** ---------

我不會被過往的痛苦或快樂引誘。我會專注於當下的寶藏。

追光

　　人生的通用哲學是永遠追尋愛與光，你可以靠著直覺輕鬆找到。愛與光，是靈魂獲得滋養的美好情境。愛與光，是體貼與關心你的人在你需要的時候出現，不離不棄。

　　你有時會處於十字路口。你可以選擇愛與光的道路，也可以選擇痛苦和掙扎。問題出在後者比較令人興奮、有趣，甚至危險，所以你選擇難行的狂野道路，放棄比較簡單（也很有趣）、但通常較含蓄的愛的道路。壞男孩、壞女孩有時看似很誘人，但他們的局限與傷口終將影響你。我的道教老師說，沒有哪條路比別條好，只是有的選擇比較痛苦。你得替自己的決定負責。不論選擇哪條路，從每一件事當中學習，包括受苦。只要你準備好了，愛永遠都在。

今日的自我喊話

　　我能主宰自己的命運。要走哪條路，由我決定。我會選擇朝著光前進。

別爲小事煩惱

　　讓小事過去是一門藝術，尤其是補救不了的事。沒有人是完美的。人難免出錯，結果每件事都變得更加複雜。然而，你可以決定如何處理。你真的想把寶貴的精力花在懊惱車門為什麼在停車場撞出凹痕，或是另一半忘了去市場？

　　當你找出真正重要及值得花力氣的事，你會更瞭解該如何回應。日常生活永遠會有煩人的事。你可以選擇抗拒或順勢而為，只是不要把沮喪的十分鐘延長到一整天。學著放過小事，用平穩的心情處理大事。

今日的自我喊話

　　我能夠選擇要為哪些事心情不好，不讓小事讓我耗光精力、心情煩躁，一整天都不開心。

情緒天氣

敏感天性會讓你體驗到各種情緒，跟著那些情緒一起流動很重要。關鍵是留意自身的情緒天氣，也就是從焦慮到快樂的波動，然後讓情緒流過你的身體。

如同地球上的天氣，你的情緒天氣也會不斷轉換，有時陽光普照，有時下雨，有時烏雲密布，有時瀰漫安靜濕冷的霧氣，有時陽光穿透雲層。我們的情緒時而冰冷，時而炎熱。我的伴侶經常問我：「茱迪斯，妳今天的情緒天氣預報怎麼樣？」然後，我會跟他分享今天的心情。由於我的感受往往悄悄轉換，有時會很劇烈，情緒天氣預報能讓我的伴侶更瞭解我今天的狀況。他很重視這項資訊，因為他在乎我的感受。你也可以在關係中安排這樣的確認機會。

當你擁抱情緒的有機流動，接受身為精微個體原本就會這樣，情緒的流動將顯得更自然，更能帶來滋養。強烈的情緒讓你心煩意亂時，記得回到你的心，找到重心。

今日的自我喊話

我將持續留意自己的情緒與心情，追蹤我的情緒天氣，與內在的大氣和諧共處。我會和支持我的人溝通我的情緒變化。

同理心缺乏症候群

研究顯示，有的人缺乏同理心，包括嚴重的自戀狂、反社會人格與精神病態（psychopath）都屬於這個類別。很不幸，他們沒能發展出同情心，早期的創傷抑制了這樣的能力，如受虐、被自戀的父母撫養。科學研究現在假設，這類人的神經系統不同於擁有同理心的人。

一開始，你可能會覺得這些人很有魅力，或者善解人意，但那只是表面。只要不如他們的意，美好的那一面就會立刻崩塌。我們很難理解這種事，但有同理心缺乏症候群的人，很少意識到自己無意間的舉動，也不會後悔。

誠實評估你的人際關係，找出生活中有哪些人缺乏同理心，接著降低期待值或減少接觸。不要向他們傾訴心底的感受。如果想要建立親密關係，去找為人和善、同樣具備同理心的人。

—— 今日的自我喊話 ——

我不會對有自戀傾向的人抱持錯誤的期待。不論他們起初表現得有多善解人意，我不會對任何缺乏同理心的人打開心門。

約好「安全詞」與暗號

伴侶、同事或朋友之間，可以採取一種實用的溝通策略：約定「安全詞」或暗號，在尷尬的對話中傳遞訊息。舉例來說，若是你的伴侶容易在社交場合滔滔不絕，你們可以講好一個手勢，比如摸左耳或比個 V，提醒他們講太長了，快點結束。你也可以和朋友講好一個詞（如羚羊、夕陽、仁慈），朋友在社交場合講出來的時候，你就曉得他想回家了。事先決定你們之間的暗號，可以避免尷尬時刻，讓關係保持健康。

—————— **今日的自我喊話** ——————

我會和其他人約定「安全詞」或暗號，避免不夠圓融或傷人的溝通方式。這種策略可以提醒自己別走反效果的冤枉路。

管理你的待辦清單

　　你面對待辦清單的態度，將深深影響你的壓力值。請認清每天要做的事情永無止境，儘管偶爾真的做完，清單只會再次變長。

　　如果待辦清單是你每天醒來想到的第一件事，那麼你在一天之始就充滿壓力。你需要轉換觀點，慢慢醒來，不要心臟怦怦跳地不斷想著要完成的事。放棄全部做到的念頭。你做不到，沒人做得到，所以放輕鬆。每一天活著已經是上蒼的祝福。你當然有很多事必須處理，所以專心地一次完成一件事，把最基本的任務排在前面，剩下的擺後面。

　　把你的待辦清單想成靈性導師，這位導師會教你何謂同情心、健康的步調、如何活在當下。如此壓力便解除了；你會發現根本不需要做那麼多事，沒人辦得到。

──────────── **今日的自我喊話** ────────────

　　我不會讓待辦清單的長度影響我的心情，一直給自己完成事情的壓力。我會讓清單持續進展──那樣就夠了。

344

放鬆你的眼睛

眼睛帶來美妙的視覺感受。保護好眼睛。別過度使用，像是長時間用電腦工作，或是試著看清簡訊或手機上的小字。以下的練習，一天之中做一次以上，好好舒緩疲憊的雙眼：

花幾分鐘安靜下來，採取舒服的坐姿。閉上眼睛，輕輕用手掌摀住雙眼。這麼做是為了讓眼睛休息，眼球不必處理光線，也不必轉動，自然地放鬆。同時，把注意力集中在胸口心的能量。讓心能量傳遞的幸福療癒感往上流到你的手臂，從手掌透出來，撫慰你的雙眼。這很舒服，可以紓解滯留在眼部的所有壓力。

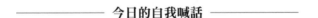

———— 今日的自我喊話 ————

我會採取預防措施，保護眼睛。我平日用眼過度，給眼睛造成了壓力；我會定時讓眼睛休息。

小型朋友圈

　　遇到節日（或一年中的其他日子），你可能偏好和三兩好友共度，不喜歡參加大型聚會。如果你覺得只約一個或兩、三個朋友比較自在，那就這麼辦。喜歡獨自冬眠也沒問題（我有朋友在丈夫的支持下，在節日擁有幾段安靜的片刻）。如果不得不參加大型聚會，盡量坐在自己喜歡的人旁邊，不時離席安定心情。找出你和在場的哪些人有話聊，並且說說笑笑，想辦法製造樂趣。如果你是外向的共感人，可能喜歡和多一點人聚會，但事後也需要休息減壓，調整自己。

今日的自我喊話

　　除非我喜歡大型聚會或是實在避不開，我不會屈服於社會壓力，逼自己參加。如果是性格使然，我允許自己和一、兩人聚會，或是一個人待著。

不答應太多事

　　如果你習慣討好別人，你會因為很難拒絕別人而感到精疲力竭。你很容易過度參與辦公室的節日派對、家族聚餐等活動，結果行程排太滿，把自己弄得很不舒服。不過矛盾的是，你也可以藉由假日聚會這種好時機，收斂共依存症的傾向，不必為了讓每個人開心，過度燃燒自己，最後精疲力竭。

　　仔細檢視行事曆，避免安排太多活動。另一個折衷辦法是短暫露面就好，不需要一待好幾個小時。如果拒絕會有罪惡感，或是你尚未接受有時就是會讓別人失望，你可以多想想這個觀念，看看能否有更深刻的體會。不斷滿足別人的需求，不是你的責任。在假期期間及過後，允許自己拒絕過度付出。

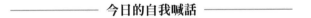

今日的自我喊話

　　我會照顧自己，不要參加太多社交活動。年尾我會放鬆一點，利用空檔自我反省，養精蓄銳。

留意能量吸血鬼

你的關係品質會影響你的健康。有的人讓你感到元氣滿滿，有些人則是我所說的「能量吸血鬼」，會吸乾你的精力。在社交活動繁多的過節期間或其他時候，留意習慣榨乾精力的人，也是自我照顧的一部分。

你怎麼知道自己碰上能量吸血鬼？你眼皮變重，突然需要睡一下。你原本好好的，但心情一下子變差，開始焦慮、沮喪或憤怒。你也可能感到被攻擊、批評或責備。訓練自己留意這些跡象。

做好處理能量吸血鬼的準備，碰上的時候「依計行事」。假期聚餐時，避免坐在成天抱怨或愛講話的人旁邊。不要被朋友的批判言語激到。每隔一段時間到廁所減壓，安定身心，或是利用 9 月 11 日介紹的「防護罩」技巧，保護你的精力。此外，也可以記錄生活裡的能量吸血鬼與對策。和能量吸血鬼相處時，運用自我照顧法，避免能量被吸光。

—————— **今日的自我喊話** ——————

我會留意生活中的能量吸血鬼，不讓力量被吸走。我有權擁有更滿意、帶來活力的關係。

感恩

一年之中，現在是感激獲得祝福的美好時刻。感激是一種靈性之舉。你將感恩的訊息傳送給親友、同事與天地神靈。即便你感到人生匱乏，在今天抱持謙卑的心，想著自己有多幸運。

問自己：「我感謝哪些事？我的健康？能到處跑？頭腦清楚？面對種種挑戰時，依然有能力去愛？」你感謝親友和動物夥伴？或是你的房子、車子、工作與健康的食物？

接下來，在心中說：「我感激我的生活。我感謝愛我與我愛的每一個人。我感激大地、鳥兒、天空與海洋。」想在名單上加什麼都可以。此外，你也可以直接表示謝意，告訴對方：「謝謝你出現在我的生命裡。你不知道你讓我的生命有多美好。」簡單表達謝意，勝過千言萬語。

每年的這個時候（其實是每一天），都是神聖的感恩機會。

今日的自我喊話

我將想著我感激的一切事物，心滿意足，感激生命中的愛。

復原時間

　　與人社交或待在公眾場合一陣子之後，給自己喘息的時間。即便人際接觸帶來的刺激很有趣，你可能在當天稍晚或隔天出現情緒宿醉。此外，你可能會留意到自己吸進別人不好的情緒。共感人如果趕場、中間沒時間恢復精神，通常會感到不舒服。現在，不要再安排其他事情。找時間安靜下來，擺脫情緒宿醉。呼出你吸收到的所有壓力。洗一個長長、舒服的澡，讓水洗去你的擔憂。沉浸在冥想中，清潔你的精微能量體，或是早點睡覺。少講話，多休息，安靜地獨自待一段時間，回到自己的重心。

今日的自我喊話

　　我不會安排接二連三的活動，中間都不休息。社交接觸帶來高度刺激之後，我會找時間恢復平靜。

我所有的親人

你與所有的生命相互連結，包括自己的家族。我們從細胞的層面就知道，生命能量注入世上的萬事萬物。你是單獨的個體，但還是理應尊重自己的所有親屬，從人類到大自然皆然。以我的人生來講，這意謂河流之靈對我很重要，我希望河水乾淨、清潔。我向天父地母鞠躬致意。此外，即便我不用扛起他人的痛苦，我關心世上的陌生人及所有遭逢苦難的人士。我體認長者的智慧與孩童的純真。

你的人生對我來講很重要。儘管我們素未謀面，我因為你的幸福感到喜悅。我希望你健康快樂。如果你憂傷，我深感同情。在萬千生靈中，我們都是有所相連的。我以那樣的精神擁抱所有的親人、生命的整體，以及無窮的不可知。

———————— 今日的自我喊話 ————————

世上的有情眾生組成了親密的能量網，我將持續關照自己隸屬的這張網，體會我與人類家族相連，也與大地連結。

大地在說話

據說前往夠遙遠的空曠沙漠，就能聽見「索諾拉」（Sonora）這種古老的大地低鳴。如果你夠安靜、夠深入，靜止的大自然也願意讓你一窺她的存在，你將能聽見大地發出的原始聲音。

研究人員表示，地球持續不斷的嗡嗡聲來自海底，那是地球的天然聲響，低於人們一般能聽見的頻率。不過從古至今的敏感人，曾在新墨西哥的陶斯（Taos）、南加州的安沙波利哥沙漠（Anza-Borrego Desert）等地，聽過那個聲音。他們表示那個聲音令人感到滿足、誘人與神祕。當吹過的風剛好對了，大地的嗡鳴聲彷彿在與沙丘的歌聲和鳴，配合在至點那天吟唱的月神。在安靜的時刻傾聽這個聲音，將使你連結生命的振動。

──────── **今日的自我喊話** ────────

我會記住，宇宙中不是只存在科學認為可能的事。我將延伸我的直覺，感知生命的奧妙。

我是能量吸血鬼嗎？

　　大家都一樣，有時讓人精神難以負荷的人，其實是我們自己。那就是為什麼一定要誠實，不抱持防衛的態度，替自己的行為負責。你或許不是故意讓別人精疲力竭，但你仍然陷入愛抱怨、忘記感謝、批評別人的時期。如果是這樣，不必忙著責備自己。

　　你只需要盡快反省，調整行為。和善地對待自己。就算你以為改了，但再度掉進先前的情緒模式，也沒有關係。也許你未經提醒就發現錯誤，改正過來。要是其他人有勇氣溫和地點醒你，你可以回應：「哇，謝謝你指出來。我會更加留意。」知錯能改，善莫大焉。變成能量吸血鬼的問題是，你一直沒意識到自身的行為，繼續榨乾別人的精力，因此關鍵是保持自覺。真正強大、有安全感的人，有辦法意識到自身的行為，負起責任。他們放下自尊，清醒地進行有愛的溝通。

―――――― **今日的自我喊話** ――――――

　萬一我變成能量吸血鬼，我會接受別人的指正，更加留意自身的行為，努力改過向善。

353

行小善

給予是愛的語言。有機會服務他人、服務世界，令人感到振奮。給予將帶來千倍的回報。用心付出會讓你發光。小小的行動也有重大的意義。你的道路將出現許多機會。遇到靠助行器行動的長者、帶小孩的疲憊媽媽，即便趕時間，也要幫忙按住電梯按鈕。在銀行辦事時，讓工作快遲到的人插隊。看到路上有紙屑，就隨手撿起來。讚美另一半或同事：「你今天真帥／真美。」

每天努力以健康的方式幫助他人，但不過度付出（那樣很累人）。幫助彼此與地球是我們的神聖任務。不必擔心做得太少。我喜歡行小善、發出小小的光芒，也喜歡陌生人相互幫忙時的相視而笑。當你給予的程度恰到好處（身體訊號與精力值會告訴你是否如此），你將感到十分滿足，進而化身為神靈希望你擔任的人間天使。

──────── **今日的自我喊話** ────────

做比說重要。我將體驗協助他人的喜悅，做有益的事，替我愛的人減輕負擔或責任。

醞釀

　　如同子宮孕育胎兒，醞釀是內在發展與培養創造力的時期。你有時可能用力過猛，急著朝目標前進，忘了替願景、關係或計畫留下充分的醞釀時間。然而《易經》告訴我們，昏暗的季節適合向冬蟄學習，準備好在春天重生。晝短夜長的日子，有助於深度冥想、接地與找到自己的中心。

　　上天要你往內尋求答案，少說多聽，聆聽寂靜之聲。當你的活躍心智退到一旁，讓啟示浮現，創意靈感將憑空出現。簡單保持接收的狀態，不必有動靜。你不必刻意讓任何東西出現。請生命的奧祕接手，當黑暗匯集，自然能發現內在之光。

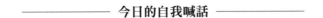

今日的自我喊話

我將支持自己內在的醞釀過程；當靈魂安定下來，靈感就有時間成型。

初雪

　　天寒地凍之中，潔白的雪片降臨人間。天上落下一片片棉絮，輕如鴻毛，軟化大地的稜角，施展改變的魔法。目眩神迷之中，原本光禿禿的樹木、草地與混凝土城市，獲得靄靄白雪的妝點。天氣夠冷的時候，雪化為冰柱，「水」這個元素經歷一次次令人震撼的變形。

　　第一場雪提供另一種新開始。大自然告訴我們：「從不同的階段再次起步，煥然一新。」降雪很深的時候，所有的足跡消失不見，你眼前出現一條新的坦途。不論你是在窗邊、大自然或新聞中看見今年的第一場雪，駐足一下。雪具有淨化與清理環境的功能，欣賞優雅的美景，想像你心中也降起一場雪，包覆你的稜角，不再張牙舞爪。

────────── **今日的自我喊話** ──────────

　　我將留意初雪的魔力。如同地球隨著天氣變化進入另一個創意循環，我也會準備好迎接自己的改變。

356

流逝的神聖光陰

你是否感到時間過得太快？轉眼間，一天、一星期、一年就過去了？活躍的生活讓時間加速流逝。匆忙、過慮與過勞，也使得你脫離生命更有機的慢節奏。

集中你的注意力，練習慢動作的凝視，感受似水年華的神聖性。我們要活在當下，專注於手上正在做的事，不讓心思四處遊蕩。別忘了觀照準備早餐或遛狗等日常活動，用心感受這些時刻的生機。

安排少做一點事，保住時光的神聖性。凝視一朵玫瑰五秒鐘，取代只看一秒或者根本不看。好好感受玫瑰的本質，別當另一個注意力短暫的路人。用你的眼睛、耳朵與精力，追蹤時間的流逝，熱愛光陰帶來的祝福。

--- **今日的自我喊話** ---

我不會以事不關己的態度看著世界。我將體會萬事萬物散發的旺盛生命力，感受流逝的神聖光陰。

撫慰人心的熱水袋

熱水袋是減輕疼痛、平息焦慮與暖床的古老方法。在我的成長過程中，母親會給我熱水袋，安撫我的同時，也減少不適。熱水袋一度顯得過時，由更方便的電熱毯取代。不過，朋友最近讓我重新認識熱水袋，我便開心地將熱水袋納入我的自我照顧法。

我喜歡熱水袋的療效，有一股安心的感覺，可以緊緊抱著，尤其是天氣很冷的時候，熱水袋是暖呼呼的朋友，能帶走疼痛。要是腳很冰，也可以把熱水袋擺在腳上。此外，背痛時，熱水袋能舒緩緊繃的肌肉，在睡前讓大人、小孩放鬆，沉沉地進入夢鄉。送自己一個熱水袋當禮物，舒舒服服度過冬日。

今日的自我喊話

我會在手邊準備熱水袋，減輕身體不適的情形，協助我放鬆。這個好朋友會讓我渾身暖洋洋。

和動物朋友依偎一下

找一天開心地和動物小夥伴摟摟抱抱。動物會憑直覺找到你身體需要的位置，撫慰你、療癒你。你的狗兒毫不掩飾以喜愛之情看著你。貓咪窩在你的胸口，幸福地打呼嚕。好好感受牠們毫不猶豫散發的正能量。這些可愛天使是帶來撫慰與關懷的使者。

動物給予我們無條件的愛。不論你感到多心煩意亂，牠們都是忠實的好朋友，永遠撫慰著你的痛苦。如果家中沒有動物，也可以拜訪朋友的貓貓狗狗，沐浴在牠們的熱情與嬉鬧之中。

讓自己接受動物的愛。尤其是狂風暴雨的日子，別忘了抱著牠們，感受牠們陪伴帶來的喜悅。

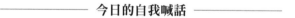

—————— **今日的自我喊話** ——————

我會找時間和動物共度美好的時光，感受牠們無私的支持。和動物培養感情是付出愛與接受愛的絕佳方法。

化解剛強

　　道教的哲學主張，剛強會阻撓氣的流動與人體健康。當你的身心感受到威脅，有可能為了自保而緊繃起來。

　　在大自然中，剛強有正面的作用，畢竟冰不過是水的結凍狀態。極地的冰帽能穩定氣候，北極熊需要在堅硬的冰面上獵食，才能存活。同樣地，我們必須知道什麼時候不能屈服，需要堅定自己的立場。

　　然而挑戰在於，放柔軟的同時又不違背自己的原則；既照顧到他人的需求，也不犧牲自己的靈魂，因此你要持續找到辦法，讓自己不再那麼緊繃、冷若冰霜、毫不退讓。想一想是什麼事讓你變得跟刺蝟一樣，又該如何治癒那樣的恐懼。你心中的恐懼愈少，就愈能放鬆，慢慢化解自己緊繃與受限的一面。

────── **今日的自我喊話** ──────

　　我將拿出堅定的態度，但不死板。我順應時勢，但也清楚自己的底線。我將留意自己遇到什麼情境會毫無商量餘地，練習以柔克剛。

北極光

在北緯地區，北極光會帶來天空中五彩繽紛的燈光秀，冬季最有機會觀賞到（南半球也有南極光）。我從小便著迷於極光的照片。蒼穹上的多彩線條讓我驚歎不已（我甚至給自己取了「Aurora」〔奧蘿拉，即「極光」之意〕這個小名）。

有人說，先知可以看見人體周圍的光，包括耀眼的藍光、綠光、黃光、橘光和白光。想像光包裹著你的身體，你是那圈不斷變換的彩虹。即便處於逆境或是無法感受到光的時刻，你的光一直都在。

知道光一直都在的方法，就是記住北極光。你甚至可以前往全球看得見極光的地方，如冰島或阿拉斯加。這是我的夢想，總有一天會實現。

───────── **今日的自我喊話** ─────────

極光耀眼奪目的光，有如我的身體散發的光。我將冥想北極光，感受體內散發耀眼的光亮。

快樂佳節

過節期間洋溢著輕鬆快樂的氣氛，處處張燈結綵。商店櫥窗裝飾著蠟燭與天使，空氣裡散發著肉桂、加了鮮奶油的熱巧克力，還有薑餅與松樹的香氣。小狗穿著世上最可愛的溫暖毛衣。唱詩班天堂般的合聲與額我略聖歌，散發著中世紀的神祕氣息，令我心醉神迷。

不過，聖誕季節也意謂擁擠的人群、商業主義、喧譁、酒精、強迫社交，以及你理應「快樂」的想法，敏感人士有可能備感壓力。我單身時，眼中全是「快樂」的家庭與情侶，感到被世界遺忘。佳節很容易令人寂寞，我會盡量和一個或兩、三個好友待在一起。如果你也遇到這種情況，我建議採取這種作法。

此外，你願意的話，也可以幫助窮人或是請朋友吃午餐。用這些方式付出，會讓自己特別快樂。當你把精神集中在愛的力量、給予及靈性的誕生，你在這個月將獲得奮發向上的能量。

--- **今日的自我喊話** ---

我會在聖誕佳節找到快樂，感恩上天的祝福。不論走到哪裡，我將找到自己的樂趣。

人一多，就心浮氣躁

整個世界會在節日期間變得特別擁擠。到處都是人的時候，尤其要好好照顧自己，別被人群給壓垮了。考慮限制自己待在人群中的時間。當人與人靠得很近，彼此的能量場容易重疊，你很容易吸收到別人的壓力。

如果你前往購物商場，例如好市多等大型商店，或是其他熱鬧地點，確認自己休息足夠，行前攝取足夠的蛋白質，穩住身心。持續深呼吸，把不好的氣排出體外，中間坐下來休息，在椅子上或廁所裡冥想。每隔一段時間就短暫休息一下，恢復精神，回到自身，比較不容易精疲力竭。保護好自己的精力，更能夠享受年底的過節氣氛。

─────── **今日的自我喊話** ───────

我將練習在擁擠的地方照顧自己，避免感到過載或吸進他人的壓力。除非心神穩定，做好準備，否則我不會前往人多的地方。

宇宙自有安排

天色一片灰濛濛的時候，每一天都感覺像在吃力地爬上坡，記住宇宙自有安排。當你感到快樂與滿足，最在意的願望都實現了，同樣記住宇宙自有安排。凡事皆有時，沒有什麼事是隨機或無意義的，而且你永不孤單。在人生的每個階段，你永遠被看顧著，得到最好的引導。天助自助者，你自己也需要努力療癒自己，克服障礙，不過無形的助力永遠都在。即便感到寂寞沮喪，找不到解決障礙的方法，記住答案終將出現，你要有信心。當你把人生當成一個整體來看，不懂禍福，你將與自己的命運深深連結。

—————— **今日的自我喊話** ——————

我接受我遇到的每一件事都是上天捎給我的訊息，協助我提升靈性。我相信自己的直覺，不論眼前這條路究竟是順利或崎嶇難行，我都相信我走在正確的道路上。

長壽

　　長壽一般指的是成為長者，不過也能形容長期的關係、職涯或持久的信念。我十分重視朋友、家人與讀者，他們認識我數十年，一路見證我的變化。

　　冬日之父象徵長壽與寒冷的季節，是古代的異教徒，日後演變成聖誕老人。祂是女神的使者，騎著白馬分送水果與神奇藥草給民眾。祂只是孩童心中的象徵性人物嗎？我不這麼認為。你可以觀察祂的行蹤，以及祂散播的善意。

　　想一想你有過什麼「長壽」的經驗。哪些長期的關係或個人價值觀，令你心中踏實？你是否在這顆星球上，來到歲數上的長壽？變老是否帶來一些好處，比如在個人或靈性的層面上更有覺察力？正面的信念如何協助你保持活力與樂觀的態度？當你打開你的心、保持純粹，不論幾歲你都能照亮他人。

────── **今日的自我喊話** ──────

　　我感謝生活中各種形式的長壽，再次以感恩的心，檢視經得起時間考驗、令人心滿意足的人事物。

陪彼此歸家

心靈導師拉姆‧達斯（Ram Dass）談過，我們都是在陪彼此回家，這個概念深深觸動著我。每一天，我們持續踏上這場必然發生的心靈之旅。我們在世上的時間只是短暫的。在時空之外的領域，更宏偉的奧祕等著我們；有的靈性傳統稱之為天堂。你可以憑直覺感受到天堂的光與祝福，身上的重擔隨之消失。一旦感受過一次，你也能夠在世上多創造一點天堂的氛圍。

時間到了的時候，我們將進入彼岸。此事無法避免。此時，你親愛的朋友是很好的陪伴。其他的共感人也是你的家人。記得珍視這些靈魂之友，他們將帶來撫慰。他們和你是同類，一路上維持精神上的交流。時間每過去一刻，我們就愈接近永恆。讓我們以尋求者的身分一起抵達那裡，體驗莊嚴與神聖。

──────── 今日的自我喊話 ────────

我將帶著謙卑與敬畏之心，一步步踏上歸家之路。我感激每一位同行的旅人；他們減輕我的重擔，一路上分享愛與歡笑。

月光浴

　　讓自己沐浴在皎潔月光的寧靜洗禮當中。山丘或水上的月光，能為你注入溫和與包容的「陰」能量。反射在白雪上時，夜晚更加明亮。我的浴缸上方有一扇美麗的大窗戶，月光能夠穿透進來。我漂浮在水上時，身體彷彿浸在一條條光帶之中，光影隨著我的動作飄動。

　　月的陰晴圓缺會引發共感人不同的反應，留意你的情緒如何跟著波動。月亮控制潮汐，我們的身體也會出現對應的生理反應。實驗一下，在滿月時做月光浴，共感人會感受額外的能量與情緒，有時甚至產生不平衡的狀態。此外，也瞭解一下新月如何影響你。你可能會感覺比較鎮定、沉穩。

　　月光浴能潔淨能量，樂趣無窮。找一個看得到月亮的地方，把注意力集中在月神的光輝。到外頭散散步，在浴缸裡泡澡，或是單純觀賞月亮在天際發光。月亮永遠不會遺棄我們，永遠都在。你可以溫柔地向她述說心事，輕聲祈禱。

───── 今日的自我喊話 ─────

　　我將來一場月光浴，清理負能量與壓力。我會打開自己，迎接溫柔的美麗月光，讓月光撫慰心靈。

靜止

　　靜止是一個廣闊的空間，沒有活動，安安靜靜，屬於典型的直覺領域。當你心中的叨念安靜下來，身心將獲得休息，靈感得以降臨。

　　科學已經證實，安靜對大腦有好處，過多的噪音則會減壽。數位世界帶來源源不絕的輸入，導致大腦關機的時間減少，你永遠在處理大量的資訊。然而，在你減少環境的感官輸入後，大腦的認知清晰度便能回升。安靜獨處能讓你放鬆心情，保持在專心的狀態。當你不急著完成太多事，身體便鬆一口氣，安靜下來。嘈雜的世界會吸光創意，祥和與寧靜則讓你更瞭解生活的意義。

　　每年的這個時節可能很熱鬧、很忙碌，留意自己是否出現感官超載的情形。一有這類跡象，立刻減少活動量，平靜下來。

今日的自我喊話

　　我知道過度的噪音與活動，會帶來過多的刺激。我會安排不說話的安靜時間，讓大腦重振生理機能，從噪音與資訊過載恢復過來。

祈禱

祈禱是在請求仁慈的宇宙提供保護與庇祐。請比你宏大的力量協助，超越自我與純粹的邏輯。在這種謙卑、迎納的狀態下，你的祈禱會被聽見，但不保證會完全以你想要的方式獲得回應。有時祈禱沒有回應，其實是最大的祝福。

祈禱是一種心理態度，有如音叉，提供標準的音高，讓你重新調整到希望的頻率。在迷惘或疲憊的時刻，要樂觀感覺好難。然而，如同默片女演員桃樂絲・貝納德（Dorothy Bernard）所言：「勇氣是祈禱過的恐懼。」祈禱是在向神靈敞開自己，獲得盈滿。詩人 C・K・威廉斯（C. K. Williams）寫道：「我願像茶杯一樣被倒空；祈禱，清空，注入非我的物質。」

你不必為了特定的目的而祈禱，只需為自己或他人祈求最大的福祉。有時候，「求來」的好事最後成了壞事，而所謂的「厄運」，卻有正面的結果。祈求最大的福祉，就是讓神靈以最純粹、最完美的方式回應。你唯一要做的，只有成為空的祈禱容器，讓答案自然湧現。

今日的自我喊話

我將在祈禱中碰觸到無盡的愛，為某件事誠心祈求最大的福祉。

天使看顧著

天使經常被視作神靈的使者與善的化身，在危險時刻幫助我們，引導我們。我們甚至根本沒察覺天使出手相助。比如，千鈞一髮躲過一場恐怖的車禍，或是儘管競爭激烈、依然得到夢想的工作。也有可能手中的雜貨全部掉到地上時，有陌生人出手相助。

你可以呼喚特定的天使，保護自己不受傷害，譬如，天使長米迦勒驍勇善戰，能對抗黑暗的勢力。如果你碰上棘手的情境，需要協助，可以呼喚米迦勒或任何天使，請上天幫忙，感受恩典。就算你認為這種事是「怪力亂神」，也沒關係。你不必相信有天使，也能當個好人或追求靈性生活。不過，把天使當成盟友，祂們能成為你共感支持團隊的天上支柱。

――――――― **今日的自我喊話** ―――――――

我會再次當個孩子，至少在今天，我不會對天使或其他無形的協助嗤之以鼻。我請天使引導我，按照接收到的指示行事。

季節性情緒失調

共感人通常對自然光的變化很敏感，容易罹患「季節性情緒失調」（seasonal affective disorder, SAD）。這種憂鬱症始於秋季日光開始縮短的時刻，結束於春天，症狀包括嗜睡、社交孤立、缺乏動力、難以專心與飲食過量（尤其是碳水化合物）。你的心情會直接隨著季節的日照長短而波動。

如果你有 SAD，可以試試看光療。每天早上坐在燈箱前一小時，就能減輕症狀，用明亮的人工光線來補充減少的日光。此外，維他命 D 濃度低也與 SAD 相關，有的醫生會建議每天補充。有些醫生也可能建議心理治療，有時則會開抗鬱劑。

SAD 會增加你一般所需的獨處時間，不能接受太多刺激，多冥想、多運動可以提升體內的天然抗鬱劑「血清素」。雖然感受到季節性憂鬱時，你會不想社交，還是盡可能與充滿愛心的人相處。正確的人際接觸具有療效，我們可以是彼此的良藥。

—————— **今日的自我喊話** ——————

萬一碰上季節性憂鬱，我將加倍地愛自己。把這場經歷當成一位老師，教我多疼惜自己一點。

結束

　　一年在這個月進入尾聲。回想你完成了哪些事，還沒做完的事也趕快收尾。回想自己的關係、工作與財務。你是否還需要和某位朋友或同事和好？是否有未說出或未解決的感受？你是否想完成某個計畫，讓工作上的某個決定拍板定案？你能否還清債務、完成財務上的義務，或是完成剩餘的文書工作？或許在這一年，一段友誼或親密關係結束了。你愛的人離開你，去到彼岸。允許自己發洩所有的悲傷，然後說再見。清醒地做個了結，不要壓抑失去的感受。

　　一扇門關上，另一扇門會打開。關上會帶來結束或結局。一切成定局；你必須接受每個人、某件事，真的就是這樣，你和他們已經結束了，再無瓜葛。沒有憎恨，沒有餘怒未消，沒有什麼好多說的。你自由了，迎接新事物的時間到了。

────────── **今日的自我喊話** ──────────

　　我將找出生活中尚待解決的面向，採取行動，做個了斷。結束某件事、某個局面，我有辦法和過去一筆勾銷，重新出發。

慢活的智慧

你的身心到了需要休息的時刻。當冬至即將來臨，最長的黑暗逐漸把我們包裹在平靜與寧靜中。你的心想要向內探索，它有權暫時遠離煩惱與人世間的功名利祿。做點白日夢，凝視萬物之間的虛空。

不把自己逼太緊是一種大智慧。你需要休息。雖然節慶期間，社交活動不免增加，記得留下休養生息的空間。在行事曆上的空檔做記號，不要讓任何事打擾。最好暫時不工作，讓新陳代謝放緩，壓力減輕，你的心神就可以趁著無事的階段，在神聖的虛空中舒展開來。

──────── **今日的自我喊話** ────────

我將練習慢下來的智慧，不強求，不拚命。我會安排放慢腳步的時段，冬眠一下，保護停下工作的時間，用於休息與自省。

和解

　　與自己和解，就能在家中有滿足感。你要想辦法與共住的人和諧相處。耶穌說：「如果住在一個屋簷下的兩人能彼此講和，他們向山岳說『走開』，山就會移走。」

　　抓著仇恨不放、憤憤不平，不會帶來任何益處。不要管自尊怎麼說（如果處於憤怒的情緒，自尊永遠覺得自己是正義的一方），改成觀照你的心。你的心不會強調「我才是對的」，或是「我要以牙還牙」。看著惹你生氣或不高興的人，和對方和解。即便人有缺點，你要尊重身邊的每一個人，放寬心胸，和平相處。

　　混沌理論的蝴蝶效應指出：機緣巧合之下，中國的蝴蝶搧動一下翅膀，最終可能導致北美出現龍捲風。同理，你內心的祥和將擴散到周遭，再傳到更廣闊的世界。

────── **今日的自我喊話** ──────

　　我將負起和解的責任，下定決心治癒仍劍拔弩張的自己。和平始於我的內心。

同理心是這個世界需要的良藥

同理心能讓你透過他人的眼睛看世界，即便你不認同那些觀點也沒關係。你的高度將獲得提升，不再處於受自尊驅使的「低階的自己」。那個你怨天尤人，怪天怪地。

我是精神科醫師，我知道人受了傷會變得刻薄，而心胸狹隘是受傷的症狀。有一句話說得沒錯：「受傷的人會傷害別人。」人在感覺良好的時候，自然大人有大量。當你面對某個人受傷的自我，同理心能讓你選擇不以防衛的心態回應；不過，你還是可以和那些人的行為劃清界限。雖然擁有同理心、明白對方是怎麼回事，不一定代表有辦法和平共處，只是你誠摯希望如此。

如果想見到和平，你自己就是使者。你要第一個站出來，拒絕分裂與兩極化，投身於理解人類這個大家庭。選擇付出同理心，你的人生與這個世界才有可能真正和平。

—————— **今日的自我喊話** ——————

我將克服我的情緒傷口，以同理心對人。我將持續努力以誠相待，不再針鋒相對。

冬天

向內探索、感受眞理

　　冬天鼓勵你讓心寧靜，靜止不動，聆聽直覺。冬天與「水」這個元素相關，具有休養生息的特性。冬天是蟄伏與隱居的季節，適合許多喜歡躲進洞裡的共感人。你也可以舒舒服服窩在壁爐前，外出時用保暖衣物把自己包裹起來。

　　昏暗的冬天寒風刺骨，樹木慢下新陳代謝，進入休眠。熊和其他動物開始冬眠，進入漫長的夢鄉。你也可以趁這個時刻蓄積內在的能量。

　　由於共感人通常對光線敏感，冬天帶來的挑戰是憂鬱：那其實是身體對日光減少的回應。此外，你可能感到被社會遺忘，孤單寂寞，或是受不了過節的人潮、聚會與匆忙的步調。關鍵是在冬季的自然韻律與忙碌的世界之間抓到平衡。

冬至是這個季節的第一天，地球傾斜到離太陽最遠的位置，帶來一年中最昏暗的一天。隨著白日再次增長，光線也緩緩降臨。冬天鼓勵你治癒自己陰暗的一面，包括恐懼與自我懷疑。

冬天令人興奮，冬天能帶你到內心深處。回顧自己的進展與需要成長的領域。我喜歡在十二月評估自己的人生，以更清楚的方向迎接新的一年。

陰影的禮物

在榮格心理學，陰影指的是我們的性格中較陰暗的一面。每個人都有陰暗面。請用愛來面對自己害怕、憤怒，甚至是惡意的一面，溫柔地療癒。

大約在冬至前後，也就是一年中黑夜最長的時段，回想一下陰影教給你的事。你是否在憂鬱中找到了希望？焦慮時，你是否和善地對待自己？你是否拒絕虐待的關係？記得要肯定自己進步了，能夠勇敢面對陰暗面。

冬天的冰冷情緒可以促成內心之旅的深度。一片漆黑，不代表你的光消失不見，如同法國小說家卡繆（Albert Camus）所言：「隆冬之中，我的體內是打不敗的盛夏。」新黎明的第一道曙光即將來臨。

────── **今日的自我喊話** ──────

我不害怕也不迴避自己的陰暗面。我會探索那一面，從中學習，成為更完整的人。

點燃光

照亮黑暗是這個季節的主題。延續猶太教的光明節（又稱「燭光節」）、基督教的聖誕節，以及所有慶祝聖靈再生與人類之愛的傳統，你可以重新點燃內心之火。即便這把火暫時熄滅，你失去對自己或人生的信心，也沒關係。現在，你可以重新點燃，發誓追隨善，對抗所有黑暗的化身。

在今天做點特別的事，向光致敬，例如用壁爐生火、點燃蠟燭，或是感激太陽帶來的光。你也可以燃燒鼠尾草或甜草，淨化環境。帶著崇敬之心，默默冥想你體內的光，感受那股光的暖意，沐浴在光輝之中。你的內心之光沒有極限，讓你的心與那股光連結，堅強起來。

──────── **今日的自我喊話** ────────

我的內心之火一旦暗下，我將再次點燃。我把精神集中在我的光及我的力量。我能在生命中創造大量的光。

靈魂的給予

靈魂的給予會帶來快樂。各種形式的給予都能帶來滿足感。你可以在節日提供時間和你的心，也可以贈送物質上的禮物；平時也能送，不一定要等特殊的場合。此外，你可以匿名捐款給值得贊助的理念，或是跟我一樣，在公共場所偷放一些零錢，比如擺在辦公室的飲水機旁或公園，撿到的人會感到很幸運。這是另一種有趣的匿名捐贈法。

我個人認為真誠的禮物，意義大過奢侈的禮物。一本日誌、一小盆植物、蠟燭、神諭卡、動人的音樂，什麼都好，你不必為了送禮特地花大錢，做超出能力的事，只需要考慮你想送的人，是否會對這份禮物產生共鳴。

我會為送人的禮物加注正能量，方法是握在手中一分鐘，注入愛的能量。禮物會吸收你的誠心，收禮的人打開時就會感到一陣愛。你也可以試試看。當你送出注入愛的物質禮物，那份禮物會更接近靈魂的給予。

今日的自我喊話

我把送禮當成一個機會，我因此能和另一個人或理念分享愛與正能量。我永遠誠心地給予。

接受發生奇蹟的可能性

奇異恩典到處都在,花時間感受恩典,吸收恩典。如果你懂得**看**,奇蹟就在眼前。奇蹟出現在日常生活的微小驚奇中,也出現在大型願望成真的時刻。永遠不要太像個大人或太「理智」,失去了童心。你愈相信奇蹟,奇蹟就愈可能出現。這不叫天真幼稚。物理定律的確有其限制,出乎意料的神奇事件確實可能發生,卻無法以科學解釋。你要明白在我們渺小的人類力量之外,還有更崇高的存在,超越統計機率的預測或物理定律。你將見證希望與神靈助力帶來的奇異恩典。

―――――― **今日的自我喊話** ――――――

我準備好接受宇宙的祝福。我願意接受人生的各種奇蹟。

愛的力量

愛的信念無法阻擋。

讓今日代表愛的重生。當每一件事分崩離析，愛便會出現。當悲傷占據你的心，一絲希望會冒出來，一切還有得救。愛的力量勝過恨，勝過怒火，勝過絕望。愛讓原子與夸克震動。要是少了宇宙帶來的慈悲能量，每件事都將停滯不前。

喚醒你心中的愛。選擇化解心中的恨，擁抱希望，明天將更美好。不要一直留戀過往。看見光，看見未來的展望。永遠要重新出發。告訴自己：「我發誓要愛自己，在世上傳播愛。我有能力戰勝恐懼與不安。我的愛不會停下。」

────── **今日的自我喊話** ──────

我站在崇高的愛的腳邊，向愛致敬。我將歌頌愛，執行愛的箴言。愛是一切。

寬恕的恩典

寬恕是指抱著慈愛之心，不再為了別人或自己做錯的事施予懲罰。寬恕是一種恩典，無法強迫也無法假裝。當你原諒，過去不會改變，你改變的是未來。

原諒的第一步是找出你不滿或傷害過你的人（有可能是你自己）。這種事沒有捷徑。寫下你真實的感受，把所有的痛苦、憤怒、失望，都寫下來沒關係。此外，你有可能因為自己的敏感性格而羞愧。把你的感受全部表達出來，接著在心中請求上蒼協助你寬恕。這是為了你自己，不是為了別人。一直處於責備的情緒與痛苦之中，只會耗損自身的精力，讓你失去平衡。

你無需原諒卑鄙的行為，但可以諒解做了那件事的人；那個人受了傷，做事不顧後果。你不再承受有害情緒或怨恨帶來的重擔，讓自己的人生繼續前進。

───── **今日的自我喊話** ─────

我不會讓自己心懷怨恨，陷進情緒的地獄。我會讓寬恕的療癒力量洗滌我，重獲新生。

生命回顧

清點今年的生命經歷，當你走在共感人的旅程，將看得更清楚，更能熱愛世人。

回想自己的進展與挑戰。你碰上哪些情緒高漲的時刻？你是否尊重自己的敏感天性？克服了低落的自尊？有沒有交到新朋友，或是到異地旅遊？別忘了感謝人生更上一層樓。

接下來，回顧你碰上的挑戰。你失去了什麼？為了什麼而心碎？你在哪些時刻屈服於恐懼，忽視直覺，忘記要照顧自己？你是否違背承諾，需要向人道歉？每個人都會犯錯，但勇於承擔，可以終止不好的業。此外，彌補過錯之後不再重蹈覆轍，後果就可能不再那麼嚴重。以慈愛之心評估自己經歷的每一件事，替新的一年設定正向的目標。

────────── **今日的自我喊話** ──────────

我將徹底檢討過去的這一年。我不必完美，也不必無懈可擊。我願意從錯誤與成功中學習，讓自己成長。

敏感的靈魂將繼承地球

愛終將獲勝。耶穌在登山寶訓中告訴世人：「溫柔的人有福了！因為他們必承受地土。」（此處的「溫柔」一詞，亦可譯為「仁慈」或「敏感」。）這段話蘊藏的智慧是，謙遜與仁愛終將勝利。

你是擁有力量的共感人，敏感卻又強大。你信念堅定，但是以柔克剛。即便無數的聲音都強迫你選擇另一個方向，或是讓你不再相信自己，你仍義無反顧踏上自己的道路。你無須聽從旁人錯誤的建議，而是忠誠地擁護真相。

由於你心地善良，大地之母挑選你做她的守護者。傲慢貪婪的人完全不適合這個使命。你充滿慈愛的雙手，掌握著大地的命運。如同你細心呵護自己與他人，你必將關懷大地。你博愛的天性，掌握著我們人類與這顆宏偉星球能夠千秋萬代的奧祕。

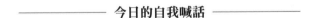

今日的自我喊話

我對自己的共感天賦有信心。我將承擔責任，成為愛的使者，帶來我期盼的改變。

一切順利（各方面都愈來愈好！）

中文的「好啦」（haola）意思是「一切順利，愈來愈好」。你可以默念這兩個字，來釋放憂慮與恐懼。在安靜的時刻，心中默念「好啦」數次，或是輕柔地複誦幾遍。我是從古明通（Mingtong Gu，音譯）師傅那裡學到這個提振精神的方法。古師傅在新墨西哥聖塔菲（Santa Fe）的氣功中心，一邊教我們做古老的氣功動作，一邊這樣念。

憂愁或害怕都是不必要的。一層一層剝下心中的擔憂與焦慮。當你碰上阻礙、感到害怕，那就一遍遍地呼吸，不去增強負面的感受。持續接收直覺，用上自己所有的共感力量，接受引導。你已經踏上成長之路，開心地接納自己的命運與人生。一切都很美好，各方面愈來愈順利。

─────── **今日的自我喊話** ───────

我很期待人生未來的走向，還有我能以共感人的身分繼續學習。我會把注意力集中在光輝燦爛的未來與前方的驚喜。

新年之夢

身為共感人的你，夢想接下來會有怎樣的一年？

我夢想和平與寧靜。我既渴望冒險，也想待在家裡。我喜愛獨處，但也喜歡與各位共度。我在表達自己的真實需求時，這一切都可以並存。我不會想在心情低落時假裝快樂，也不想一直待在喧囂忙碌的環境，以至於聽不見自己的直覺。我夢想能自在地做自己，沒煩惱、沒壓力，也夢想能夠做夢，發揮所長。

你最喜歡的夢想是什麼？有哪些你想做、但還沒做到的事？發揮想像力，想像萬事皆有可能，讓愛與靈感引領你。永遠不要因為任何事，不再想像更美好的生活。此外，也要思考自己「不」想要什麼。你想避開哪些事？不願再陷入哪些習慣？記得表達你的心聲，說出所有的渴望。你擁有無限的未來，新的可能性即將來臨。懷抱著希望，運用想像力，以喜悅的心夢想新的一年。

今日的自我喊話

我永遠允許自己做夢。我的夢想是真實的。我會讓我的夢想成真。

綻放光芒的共感戰士

你已經走過很長一段覺醒旅程，變得更強大、更有自信，有如一名戰士。你是敏感力量的化身，再也不必隱藏天賦。

曉得自己是共感人，將改變一切。瞭解自己是共感人之後，仔細觀察你的人生有哪些改善。每當你成功聆聽直覺的聲音，表達自身的共感需求，也懂得照顧自己，別忘了替自己的進展喝采。持續用各種不同的方式，滋養並保護你的敏感天賦。身處人群之中，記得持續學習穩定身心，培養自信。自我照顧是一個神聖的過程，也是需要一生持續精進的能力。

我們共感人共同發出的光，將照亮彼此。我們是反叛者、局外人與個人主義者，勇於打破成規。你的溫柔與愛心，將穿透這個冷酷的社會。你要成為新一代共感人的模範，向他們示範正確的作法。讓我們一起踏上人跡罕至的路，替彼此加油打氣，把愛與理解帶進生活與這個世界。

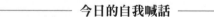

今日的自我喊話

我將謙遜地擁抱敏感人的力量，同時努力發光發熱，擔任善的使者。

謝詞

　　我畢生感謝各方人士支持我寫作，支持著我的敏感天賦。理查・派恩（Richard Pine）是我的夢想經紀人。編輯蘇珊・戈蘭（Susan Golant）才華洋溢、工作認真。朗達・布萊恩（Rhonda Bryant）是我信任的助理與友人。柯瑞・佛森（Corey Folsom）這位多才多藝的夥伴，支持我這個共感人，以各種方式愛護我。貝瑞尼絲・格拉斯（Berenice Glass）協助我成長，拓展心靈。洛林・羅奇（Lorin Roche）與卡蜜兒・莫靈（Camille Maurine）是我的靈魂之友暨導師，和我一樣熱愛海洋與宇宙的祕密。

　　我要特別感謝真實之音（Sounds True）創意無限的卓越團隊，謝謝塔米・賽門（Tami Simon）、珍妮佛・布朗（Jennifer Brown）、萊絲莉・布朗（Leslie Brown）、溫蒂・嘉德納（Wendy Gardner）、琦拉・羅亞克（Kira Roark）、麗莎・克蘭斯（Lisa Kerans）、漢娜・李斯（Hannah Lees）、米契・克魯特（Mitchell Clute）。

　　我也要向親友團致敬。他們帶來各種啟發，默默支持著我：隆納・亞歷山大醫師（Dr. Ronald Alexander）、芭芭拉・貝爾德（Barbara Baird）、芭芭拉・畢茲歐（Barbara Biziou）、查爾斯・布魯姆（Charles Blum）、安・巴克（Ann Buck）、蘿莉・蘇・布拉克威（Laurie Sue Brockway）、科克・柯瑞（Kirk Curry）、艾瑞克・多爾金醫師（Dr. Eric Dolgin）、莉莉與大衛・都蘭（Lily and David Dulan）、菲莉絲・都納斯（Felice Dunas）、貝瑞尼絲・格拉斯、蘇珊・佛克斯里（Susan Foxley）、維克多・傅爾曼（Victor Fuhrman）、潘蜜拉・卡普藍（Pamela Kaplan）、凱西・路易斯（Cathy Lewis）、雷吉・喬丹（Reggie Jordan）、達爾琳・藍塞（Darlene Lancer）、李察・梅茲納醫師（Dr. Richard Metzner）、道行・倪（Daoshing Ni）、麗茲・歐爾森（Liz Olson）、狄恩・歐洛芙（Dean Orloff）、史考特・歐洛芙（Scott Orloff）、馬克欣・歐洛芙（Maxine Orloff）、梅格・麥克拉夫林－翁（Meg McLaughlin-Wong）、唐・辛格拉比（Rabbi Don Singer）、良・陳（Leong Tan）、傑許・圖帛（Josh Touber）、瑪麗・威廉斯（Mary Williams）。

　　此外，我永遠感謝我的病患、工作坊成員與讀者。我持續從大家身上學到許多東西。本書隱去各種識別身分的資訊，以保護他們的隱私。最後我要感謝臉書「歐洛芙醫師的共感人支持社團」（Dr. Orloff's Empath Support Community）一萬四千多名成員，他們勇敢擁抱共感人的力量，在生活中與世上散布善的種子。

國家圖書館出版品預行編目資料

共感人365天療癒處方：跟隨四季變化，打造一整
年的修護網，找回敏感族自我茁壯的直覺力／茱迪
斯・歐洛芙（Judith Orloff）著；許恬寧譯. -- 初版. --
臺北市：大塊文化出版股份有限公司, 2022.04
392面；14.8×20公分. --（smile；181）
譯自：Thriving as an empath : 365 days of self-care for
sensitive people
ISBN 978-626-7118-17-7（平裝）

1. CST: 人格特質　2. CST: 自我實現

173.7　　　　　　　　　　　　　　　111002736

LOCUS

LOCUS

LOCUS